Heinz Schäfer (Hrsg.)

Leben aus erster Hand

Zeichen der Liebe Gottes
21 Geschichten zum Vor- und Selbstlesen

JOHANNIS LAHR

Die Deutsche Bibliothek – CIP-Einheitsaufnahme

Leben aus erster Hand *: Zeichen der Liebe Gottes ; 21 Geschichten zum Vor- und Selbstlesen / Heinz Schäfer (Hrsg.) – Lahr-Dinglingen: St.-Johannis-Dr. Schweickhardt, 1991*
(SJD-Lesezeit – Vorlesezeit ; 05501)
ISBN 3-501-05501-3
NE: GT

ISBN 3 501 05501 3

SJD-Lesezeit – Vorlesezeit 05 501

Umschlagfoto: M. Walke
Gesamtherstellung:
St.-Johannis-Druckerei, 7630 Lahr/Schwarzwald
Printed in Germany 10541/1991

Inhalt

Zum Geleit

Zwanzig Geschichten finden Sie, lieber Leser, hier zusammengetragen. Sie sind angesiedelt im Leben von gläubigen oder ungläubigen, zweifelnden oder vertrauenden, mutlosen oder hoffnungsfreudigen Menschen aus Vergangenheit und Gegenwart. Was ihnen widerfährt und was sie erleben, hat alles seinen Angelpunkt im Verlangen des liebenden Gottes, in Jesus Christus unser Vater zu sein.

Diese Erzählungen sind – mit Ausnahme der ersten aus eigener Feder – mancherlei Zeitschriften entnommen, ohne daß die Quellen zu ermitteln waren. Soweit diese Veröffentlichungen Verfassernamen nannten, sind sie selbstverständlich auch in diesem Buch erwähnt. Wo – unbeabsichtigt – Autorenrechte berührt werden, bittet der Verlag um Nachricht.

Heinz Schäfer

Unter der Lupe

»Ich glaube nicht, daß wir uns das bieten lassen können. Fräulein Stark hat uns hintergangen. Die Vergangenheit einer kirchlichen Mitarbeiterin muß lupenrein sein. Vergessen Sie nicht, daß sie unter anderem den Mädchenkreis betreuen soll. Wenn man dort erfährt, daß . . .« Herr Meister schwieg vielsagend. Mit der Hand trommelte er auf die Lohnsteuerkarte vor sich. Sie wies aus, daß Fräulein Christa Stark, geboren am 15. 3. 1970, Steuerklasse II 1 eingeräumt wurde. Ein Kind also. Bei der Bewerbung hatte sie nichts davon gesagt. Erst die Lohnsteuerkarte hatte es an den Tag gebracht. Nun sprach man im Kirchengemeinderat darüber.

»Ich habe Fräulein Stark darauf angesprochen«, sagte Pfarrer Müller. »Sie erklärte, es habe ihr daran gelegen, unbedingt die Stelle bei uns zu bekommen, weil ihr Kind – übrigens drei Jahre alt – in einem Heim ganz in der Nähe untergebracht ist. So kann sie es regelmäßig besuchen.«

»Was eigentlich für sie spricht«, sagte ein Kirchengemeinderat bedächtig.

»Und doch bleibt es ein unmögliches Verhalten«, erklärte Herr Meister. »Wer weiß, was noch alles herauskommt, wenn wir dieses Fräulein genau unter die Lupe nehmen. Wir sollten uns um eine andere Gemeindehelferin bemühen.« Es gab Gegenstimmen. Auch der Pfarrer setzte sich für Fräulein Stark ein, das auf ihn, wie er sagte, einen guten Eindruck mache. Sie habe übrigens eingesehen, daß sie falsch gehandelt habe.

Die Abstimmumg im Kirchengemeinderat ergab eine knappe Mehrheit für die Bewerbung von Fräulein Stark. Klaus Meister biß sich auf die Lippen. Diese ahnungslosen Leutchen! Sie würden schon noch sehen, was sie sich mit dieser Person aufgeladen hatten.

Es war schon spät, als Herr Meister sein Auto bestieg und über die menschenleere Hauptstraße seinem Einfamilienhaus zustrebte, das am anderen Ende des Ortes lag. Seinen Ärger über die Abstimmungsniederlage hatte er noch nicht geschluckt. Beinahe hätte er die Kelle des Polizeibeamten übersehen, die ihn 200 Meter vor seinem Haus stoppte. »Sie sind mindestens 70 gefahren, bitte Ihre Papiere – und außerdem pusten Sie mal ins Röhrchen.«

Mit fahrigen Bewegungen zog Klaus Meister die Brieftasche und reichte Führerschein und Fahrerlaubnis aus dem Fenster. Als er das Röhrchen zurückgab, zitterten seine Hände. »Na, Sie sind aber nervös«, sagte der Wachtmeister erstaunt. »Der Alkoholtest ist negativ, aber mit 40 Mark sind Sie dran.«

Er wollte gerade den Führerschein zurückgeben, als er stutzte. »Führerscheindatum ... – kann eigentlich gar nicht sein. War ein Sonntag. Da ist mein Junge zur Welt gekommen. Weiß ich ganz genau.« Und nach einem Augenblick des Überlegens: »Kann harmlos sein, Herr Meister – aber trotzdem müssen wir Ihren Führerschein mal unter die Lupe nehmen. Sie sind hier ansässig, ja? Dann kann ich Ihnen das Dokument belassen. Ich notiere nur die Daten. Stimmt was nicht, hören Sie von uns.«

Als Herr Meister fünf Minuten später seine Garage zuschloß, zittern seine Hände noch immer. Wie gut, daß seine Frau schon schlief. Für ihn würde es eine unruhige Nacht werden.

Nun war es also doch passiert, was nach menschlichem Ermessen nicht eintreten konnte. Die Sache mit dem Führerschein – sechs Jahre lag sie zurück. Damals war ihm nach einem von ihm verschuldeten Verkehrsunfall dieses wichtige Papier für ein Jahr entzogen worden. Als er es neu erwerben wollte, fiel er bei der praktischen Prüfung durch – und das unmittelbar vor dem Familienurlaub, für den das neue Auto schon bereitstand. Was würde die Familie, was würden die Kollegen sagen? Einem von ihnen, einem Allerweltskerl, vertraute er sich an. Der wußte Rat. In einer nicht gerade gut beleumundeten Gaststätte der nahen Großstadt bekam er für 2000 Mark einen neuen Führerschein – hundertprozentig in Ordnung, wie man ihm versicherte. Und das war er fünf Jahre lang auch gewesen. Daß er kurz darauf den Arbeitsplatz wechselte und mit seiner Familie in eine andere Stadt zog, hatte die Gefahr einer zufälligen Entdeckung noch verringert. Und nun mußte ausgerechnet dieser Polizist . . .! Unter die Lupe nehmen wollten sie ihn. Wen? Den Führerschein? Sicher auch ihn selber. Und dann?

Er sprang vom Sessel auf und lief lautlos in seinem Zimmer auf und ab. Unter die Lupe nehmen . . . Wie war das doch gewesen? Noch vor einer Stunde hatte er gefordert: »Die Vergangenheit einer kirchlichen Mitarbeiterin muß lupenrein sein!« Und die eines Kirchengemeinderats? – Natürlich kam so was heraus. Wie würde man über ihn reden? Hinter Gitter würde er als Nicht-

Vorbestrafter kaum kommen. Aber eine saftige Geldstrafe war ihm sicher. Dann war auch er nicht mehr lupenrein . . .

War er es eigentlich je gewesen? Vor sich selber, vor Menschen – und vor Gott? Was für seltsame Gedanken einem doch kommen in einer solchen Situation! Eigentlich war Klaus Meister nicht besonders religiös, trotz seines Amts als Kirchengemeinderat. Mit seinem Pfarrer kam er leidlich zurecht, die Predigten waren ordentlich, nur manchmal, wie Herr Meister es ausdrückte, etwas zu persönlich. Da hatte Pfarrer Müller doch neulich den Satz aus dem Alten Testament ausgegraben: »Du Gott siehest mich.« Das war Herrn Meister an die Nieren gegangen, und er hatte einige Tage gebraucht, um es wieder zu vergessen. Jetzt war alles wieder da, nebst passender Illustration – so dachte er ironisch.

»Du Gott siehest mich.« Wenn Gott sein Leben unter die Lupe nahm, dann wurde die Sache erst richtig ernst. Dann fielen einem noch mancherlei Dinge ein, die nicht so recht zum Bild des musterhaften Ehegatten, des treusorgenden Familienvaters, des loyalen Geschäftsmannes, des guten Kollegen paßten – und schon gar nicht dazu, daß man selber über eine junge Mutter zu Gericht sitzen sollte, die dem Kirchengemeinderat ein Kind unterschlagen hatte. Wie hatte Jesus doch gesagt? Klaus Meisters Gedächtnis wurde bemerkenswert aktiv: »Richtet nicht, auf daß ihr nicht gerichtet werdet . . . Denn mit welcherlei Maß ihr messet, wird euch gemessen werden.«

Herr Meister hatte richtig vermutet: Es wurde eine unruhige Nacht für ihn. Eine Nacht, in der er sich unter die Lupe genommen sah, nicht bloß des falschen Führerscheins wegen, sondern auch um seines Lebens willen, mit dem er vor Gott nicht bestehen konnte. Mit solch einem Leben kann man nur zu einer Stelle gehen, jenem Ort, wo Vergebung mehr als ein Wort, wo es eine Tat ist: unter das Kreuz Jesu, der für Schuldige starb.

Heinz Schäfer

Vor der Narkose

Einsilbig saß der Arzt am Mittagstisch, mit einem Gesicht, als grüble er über einem ungelösten Problem. Seine Frau kannte ihn und wagte nicht, ihn zu stören. Nur sein kleiner Sohn stürmte mit Fragen auf den Vater ein, bis das beharrliche Schweigen auch ihn stumm machte. Nach einer ganzen Weile – Frau und Kind beteten flüsternd das Gebet nach Tisch – blickte der Arzt rasch auf und sagte rauh: »Warum betest du nicht laut, Rudi?« Der Kleine sah ein wenig fassungslos zur Mutter hin. Aber schon stand Dr. Grein auf, und sie taten es ihm zögernd nach. Die Frau stieß den Kleinen an. Er betete hastig und lief gleich darauf zum Spielen weg. Der Vater war ihm unheimlich geworden.

Jetzt standen die Eheleute still voreinander. Über den Augen des Arztes wetterleuchtete es noch. »Was starrst du mich so an«, sagte er, grob vor Verlegenheit, »darf ein Mann nicht mehr den Mund auftun, um in seinem eigenen Hause Gott ein Wort zu gönnen?«

Die Frau errötete. »Natürlich, Ferdinand, aber...«

Er schnitt ihr das Wort ab und platzte heraus: »Ja, zum Kuckuck mit der ganzen Wissenschaft, wenn sie uns dazu bringt, die Zivilcourage zum Beten zu verlernen!« Er fuhr sich über die Stirn. »Entschuldige, Angela. Ich hatte einen anstrengenden Tag und bin durch eine scharfe Schule gegangen, wiewohl es nur ein einfacher Metallarbeiter war, der mir eine Lehre gab, die ich nie vergessen werde. Und jetzt – ist er schon bei dem, der unsere Gebete erhört.«

Die Frau wurde blaß. »Ein Unglücksfall?«

Er nickte. »Ja, auf Werk II passiert. Ein Mann wurde mit furchtbaren Verletzungen eingeliefert. Jede Minute war kostbar. Trotzdem verlangte er zuerst nach einem Geistlichen. Danach ließ er sich in den Operationssaal rollen. Er sah unsere Hast, mit der wir alles vorbereiteten, und sagte schwach: ›Wie sind die Aussichten für mein Leben, Herr Doktor?‹ Und weil der Mann etwas im Blick hatte, das zur Offenheit zwang, sagte ich, daß die Chancen für sein Durchkommen nach menschlichem Ermessen schlecht seien, wir würden aber das Menschenmögliche tun. Er nickte nur. Als die Operationsschwester sich anschickte, ihm die Narkose zu geben, und ihn bat, laut und deutlich zu zählen, schüttelte er den Kopf und sagte: ›Das könnten meine letzten Worte sein.‹ Ich trat interessiert näher, und während die Schwester den Äther tropfen ließ, hörte ich ihn laut sprechen: ›Jesus, dir leb' ich, Jesus – dir – sterb' ich – Jesus, dein bin ich – im Leben . . .‹ Da hatte ihn die Narkose bereits umfangen.

Wir gingen an die Arbeit, die zwei volle Stunden dauerte. Als die Uhr eins schlug, drückte die Schwester dem Mann die Augen zu. Er war seinen Verletzungen erlegen.

Ich habe schon viel mitgemacht in meiner Praxis, Angela, du weißt es. Aber als wir die Mulltücher von seinem Gesicht nahmen, sah ich ein Angesicht von so stillem Adel, daß ich mich mühsam erinnern mußte, einen schlichten Arbeiter vor mir zu haben. Und seine letzten Worte klangen mir noch im Ohr: ›Jesus, dein bin ich im Leben . . .‹ Das Gesicht vollendete für ihn: ›. . . und im Tod!‹«

Das Klassentreffen

Der Pastor einer Kirchengemeinde hat dienstlich bei seinem vorgesetzten Superintendenten in der Kreisstadt zu tun. Dieser fragt ihn gleich nach der Begrüßung: »Nun, Herr Amtsbruder, haben Sie immer noch keinen Wagen?«

»Nein, Herr Superintendent!«

»Das finde ich aber bedauerlich. Sie könnten doch viel mehr leisten, zum Beispiel viel mehr Hausbesuche machen.«

»Das weiß man nicht! Ich habe noch nicht feststellen können, daß meine Amtsbrüder, die einen Wagen haben, mehr Zeit gewinnen. Und dann, Herr Superintendent, wenn ich im Auto sitze, bin ich ganz eingeschlossen, ich kann kaum jemand grüßen und mich mit den Menschen nicht unterhalten. So, in der Bahn zum Beispiel, bin ich immer in Kontakt mit der Umwelt und erlebe viel Schönes.«

»So, so, Herr Amtsbruder, haben Sie denn auch heute wieder etwas erlebt?«

»Und was erst! Darf ich das berichten?

Ich steige in die Eisenbahn ein und komme einer älteren Frau gegenüber zu sitzen. Sie wird mich wohl gleich als Pastor eingeschätzt haben. Auf ihrem Gesicht liegt ein Glanz der Freude, auf dem Schoß hält sie einen wunderbaren Strauß mit schönen Nelken. Wir kommen ins Gespräch. Ich frage: ›Wohin fahren Sie denn?‹

›Ach, ich fahre zum Klassentreffen, Herr Pastor, denn das sind Sie ja wohl!‹

›Ja, das bin ich.‹

Pause – Ich denke bei mir, sie fährt zum Klassentreffen und ist doch schon eine ältere Frau . . .

›Sie fahren also zum Klassentreffen?‹

›Ja, Herr Pastor, wir waren einmal vierundzwanzig Konfirmanden beim Schulabgang. Da haben wir uns versprochen, wir wollen in jedem Jahr am zweiten Sonntag im schönen Monat Mai zu einem Klassentreffen fahren. Und da bin ich nun auf dem Wege dahin.‹

›Ja, Oma, darf ich fragen, wie alt Sie sind?‹

›Och, Herr Pastor, ich werde jetzt sechsundachtzig Jahre.‹

›Liebe Oma, da werden es aber nicht mehr viele sein, die zum Klassentreffen kommen?‹

›Herr Pastor, ich bin seit drei Jahren nur noch alleine.‹

›Und da fahren Sie zum Klassentreffen?‹

›Ja, Herr Pastor, ich habe vierundzwanzig Gedecke bestellt. So wie die Menschen hereinkommen, meistens junge Leute, lade ich sie ein, bis die Zahl vierundzwanzig voll ist. Nach dem Kaffeetrinken sage ich den Menschen meinen Konfirmationsspruch und gebe jedem eine der schönen Nelken. Dann bleibe ich allein, denke an die vergangenen, gesegneten Zeiten, an unseren treuen, gläubigen Lehrer, an unseren alten Pastor, der uns junges Volk einst eingesegnet hat. Dann weine ich wohl auch in der Stille und danke meinem Gott, daß ich noch da sein darf. – Und dann freue ich mich schon wieder auf das Klassentreffen im nächsten Jahr, falls mir mein himmlischer Vater die Gnade dazu schenkt.‹«

Der Herr Superintendent war während dieser Erzählung ans Fenster getreten und hatte in die Landschaft hinausgeblickt. Dann wandte er sich um und sagte: »Ich beneide Sie, Herr Amtsbruder, da haben Sie wieder etwas Feines erlebt.«

Die unbekannte Geschichte

Ratnappa Jeevalo, ein gebildeter junger Inder, studierte an einer der großen amerikanischen Universitäten. Weil er aus Südindien stammte und sehr dunkel war, passierte es ihm mehr als einmal, daß er das Schicksal vieler Neger teilen mußte.

Weil er Christ war, wurde er zu einer Konferenz eingeladen, um über die Missionsarbeit in Indien einen Vortrag zu halten.

Am dortigen Bahnhof sollte er von einem Pfarrer abgeholt werden, um ins Hotel gebracht zu werden; aber als Jeevalo abends spät ankam, war kein Pfarrer da, um ihn abzuholen. Wie sich später herausstellte, war dieser im letzten Augenblick verhindert worden, zum Bahnhof zu gehen.

Der Inder nahm ein Taxi und ließ sich zu einem Hotel fahren. Im Empfangsraum betrachtete ihn der Chef von oben bis unten und sagte dann: »Bedaure, das Hotel ist bereits überfüllt!«

Merkwürdigerweise war derselbe Taxichauffeur noch da, als Jeevalo wieder aus dem Hotel kam – oder hatte er »eine gute Nase« gehabt und im voraus geahnt, daß es Jeevalo so gehen würde? Jedenfalls passierte dieselbe Geschichte nacheinander in mehreren Hotels: Der Inder wurde überall für einen Schwarzen gehalten und abgewiesen. Zuletzt kam unser Taxichauffeur mit seinem Inder wieder zum Bahnhof. Es war unterdessen sehr spät geworden, und Jeevalo beschloß, im Wartesaal zu übernachten. Aber o weh:

Auch das wurde dem Inder nicht gestattet, denn der Bahnhof wurde über Nacht abgeschlossen.

Schließlich kam Jeevalo auf die Polizeistation, in der Hoffnung, dort den Rest der Nacht zuzubringen. Man nahm ihn auch recht höflich auf, und nachdem man ihn gründlich über alles mögliche ausgefragt hatte, wies man ihm eine Pritsche an in einem Raum, in dem bereits ein völlig betrunkener Mann seinen Rausch ausschlief.

Der Raum war schmutzig und stank entsetzlich. Der Inder fragte deshalb den wachhabenden Polizeioffizier, ob er nicht in seinem Büro die Nacht verbringen dürfte, aber das wurde abgelehnt. Was sollte Jeevalo in dieser Lage tun?

Da stand wieder sein Taxichauffeur vor der Tür. Freundlich und doch bestimmt sagte er: »Mein Herr, ich habe diese ganze Nacht Dienst. Mein Zimmer und mein Bett stehen Ihnen zur Verfügung. Morgen früh hole ich Sie ab, und dann frühstücken wir zusammen.«

Alles Sträuben des vornehmen Inders half nichts, der ledige Taxichauffeur brachte ihn in sein Zimmer und ging dann wieder in seinen Dienst. Dies geschah ungefähr um drei Uhr morgens.

Um sieben Uhr kam unser Taxichauffeur heim, bereitete einen guten Kaffee, und dann setzten sich die beiden zu Tisch.

Der Inder faltete die Hände und betete. Dann schaute er seinen freundlichen Taxichauffeur dankbar an und sagte: »Sie sind wahrhaftig ein barmherziger Samariter.«

Der Chauffeuer lächelte, sagte aber als grundehrliche

Haut: »... barmherziger Samariter? Was ist das? Das verstehe ich nicht.«

Nun war der indische Christ erstaunt und meinte: »Sie sind doch ein Christ! Haben Sie noch nie etwas vom barmherzigen Samariter gehört oder gelesen?«

»Nein! Was ist das für eine Geschichte? Erzählen Sie mir, Sie haben ja jetzt noch Zeit.«

Nun erzählte der Fremdling aus dem »heidnischen Indien« dem Taxichauffeur in einer Stadt im »christlichen Amerika« die Geschichte, die Jesus einmal den Juden gesagt hatte (Luk. 10, 30–37).

Der Chauffeur hörte gespannt zu. Als der Inder schwieg, sagte er voll Bewunderung: »Das ist tatsächlich wundervoll!«

»Möchten Sie die Geschichte gedruckt haben?« fragte Mr. Jeevalo.

»Aber gerne!« sagte unser Chauffeur.

Da zog Jeevalo ein sehr schönes, ledergebundenes Neues Testament aus der Tasche, markierte darin die Stelle im Lukas-Evangelium, wo das Gleichnis vom barmherzigen Samariter steht, und überreichte es dann seinem freundlichen Gastgeber. »Vielleicht wird Ihnen noch anderes in dem Büchlein gefallen«, meinte er. Dann schieden die beiden als gute Freunde.

Die Trompeten vor Jericho

Das holländische Frachtschiff »Utrecht« fährt durch das Rote Meer. Eine erstickende Hitze liegt über dem Wasser, die Tropensonne brennt hernieder und es herrscht vollkommene Windstille.

Gegen zwei Uhr steigt der Küchenjunge Bangka von der Mannschaftsküche auf Deck mit einem großen Stück Fleisch auf seiner Schulter, um dem Tiger Sahib die Mahlzeit zu bringen. Sahib war ein königlicher Tiger von einer Größe und Wildheit, die erschrecken konnten. Man hatte seinen Käfig mit einem starken Vorhang umgeben müssen, denn der bloße Anblick von Passagieren versetzte den Tiger in Wut, der als Gefangener auf dem Schiffe mitreiste und für den Zoologischen Garten in Amsterdam bestimmt war. Der Junge lief durch die menschenleeren Korridore, kletterte die Treppe zum hinteren Deck empor, und, nach seiner Gewohnheit, zog er den schweren Vorhang zurück, hinter welchem der Käfig von Sahib stand. Aber im gleichen Moment schreckte Bangka zurück, wankte und stieß einen Schrei aus: Die Türe zum Käfig war offen, der Käfig leer! Indem Bangka wieder zu sich kam, erinnerte er sich, daß er am Morgen vergessen hatte, den Riegel zuzuschieben. Und zudem hatte der Tiger eben seinen halbwöchentlichen Fastentag hinter sich und war dadurch noch gefährlicher. Bleich vor Schrecken versuchte der Junge sich in Sicherheit zu bringen, die Augen vor Entsetzen weit aufgesperrt.

Wie es in den Stunden der größten Hitze üblich war,

waren die Korridore und Decke des Dampfers menschenleer. Nur am äußersten Ende vorn, wo stets ein kleiner Wind wehte, hielten sich vier ältere Damen auf. Dort saß auch der kleine Franz am Boden und spielte mit Bausteinen. Der Junge war in Batavia durch seine Eltern an Bord gebracht worden und reiste allein, um seine Großmutter zu besuchen, die in Rotterdam lebte.

Er war der Liebling aller Passagiere, und die vier Damen, in deren Gesellschaft er sich jetzt befand, hatten ihn in besonderer Weise unter ihre mütterliche Obhut genommen.

Plötzlich erstarrten sie vor Schrecken; in einer Entfernung von ungefähr zehn Metern stand unbeweglich der Tiger Sahib in drohender Haltung. Er bewegte leicht seinen gelbgestreiften Schweif. Plötzlich setzte sich die Bestie in Bewegung und kam lautlos näher. Am Ende einer Reihe von Liegestühlen hielt sie an. Gähnend öffnete sie ihren Schlund, drehte den Kopf nach hinten wie gelangweilt und blickte in der Richtung ihres Käfigs. Schon schien es, als ob der Tiger umkehren wollte, als plötzlich sein Fell sich sträubte in Raubtiergier. Er hatte das Kind entdeckt! Dieses vergnügte sich, ohne zu ahnen, was vorging.

Aufmerksam setzte es einen Stein auf den andern. Eine seiner Betreuerinnen hatte ihm am Vorabend eine Geschichte erzählt, die es nicht vergessen hatte, und jetzt baute Franz die Mauern von Jericho, diese berühmten Mauern aus der Geschichte. Der Tiger setzte zum Angriff an, seine tödlichen Krallen kamen langsam aus den Tatzen heraus, während seine Pupillen klein wurden. Auf dem Boden hingestreckt, schlich er langsam näher. Jetzt war er etwa in Sprungweite seines

Opfers gekommen. Sein ausgestreckter Körper versteifte sich, die Muskeln seiner hinteren Tatzen zogen sich krampfartig zusammen.

In diesem Augenblick hatte Franz sein Bauwerk vollendet. Der letzte Stein war gelegt, die Mauern von Jericho standen vor ihm. Entzückt betrachtete der Kleine sein Werk, und sein Gesicht strahlte vor Freude. Nun kam der zweite Teil seines Spiels. Franz streckte seine Hand in die Spielzeugschachtel und holte eine glänzende Trompete heraus. Er setzte sie an die Lippen und stieß mit Macht darein, die kleinen Backen aufgeblasen. Das waren die Trompeten vor Jericho!

Nun ereignete sich etwas Unvorstellbares. Wie von einer Peitsche geschlagen, richtete sich der Tiger auf, seine Augen voll Entsetzen. Mit Blitzesschnelle drehte er sich um, sprang über die Reihe der Liegestühle in Richtung des menschenleeren Decks und verschwand. Als nach einer halben Stunde die Mitglieder der Mannschaft den Tiger wieder in seinen Käfig getrieben hatten, war er noch sichtlich erschreckt. Alle seine Wildheit schien ihn verlassen zu haben. Besiegt und demütig lag er in einer Ecke seines Käfigs und leckte sich die Tatzen.

Gott hatte sich dieses Kindes in seiner Wehrlosigkeit angenommen und hatte die Gebete seiner Eltern erhört, die ihr Kind Gott anvertraut hatten für diese lange Reise.

Welches der beiden Wunder scheint uns das größere zu sein? Das von Franz, der mit einer Kindertrompete die Raubgier eines Königstigers besiegte, oder die Posaunen vor Jericho, durch deren Schall vor zirka 3200 Jahren die »uneinnehmbaren« Mauern der Feste

Jericho zum Einsturz gebracht wurden? – Beide Geschehnisse waren Eingriffe des lebendigen Gottes, der Gebete erhört.

Ein dunkler Tag wird hell

Der spätere Evangelist Samuel Keller erzählt:

An der Wirklichkeit Gottes, an seiner Macht und Majestät, auch an Jesus und der Bedeutung seines Heilswerkes hatte ich nie gezweifelt. Von Kindheit an hatte ich mich mit der Vorstellung getröstet: Jesus wird dir alle deine Albernheiten und Streiche verzeihen. Dabei aber wurde in der eigentlichen Stellung zur Sünde nichts anders. Zwischen der Erkenntnis der biblischen Wahrheiten und der praktisch wirkenden Kraft war eben der Treibriemen, die persönliche Heilsaneignung, noch nicht hergestellt.

Da kam der Tag, der einen Wendepunkt in meinem Leben bedeutete. Ich sage mit Absicht einen. Denn ich habe nachher noch mehrere ähnliche erschütternde Erlebnisse gehabt. Meine Predigten in jener Zeit waren scharfe Gesetzespredigten und wurden von den Bauern sehr gern gehört. Die Kirche war immer voll. Aber verschiedentlich schon, wenn ich von dem Bewußtsein geschwellt, großartig gepredigt zu haben, die Kirche verließ, war ein alter Pietist zu mir gekommen. Der klopfte mir dann mit schmerzlichem Bedauern auf die Schulter und sagte: »Das war nichts. So kriegt das Lamm keine Seelen zur Beute.« Ärgerlich ließ ich ihn stehen. Was ging mich dieses Urteil an? Ich hatte doch eine tadellose Predigt ausgearbeitet, sie gut auswendig gelernt und mit großem Schwung vorgetragen.

Nun kam aber der Tag, an dem sich alles gegen mich verschworen zu haben schien. Zahnschmerzen plagten mich, und der nächste Zahnarzt bei uns in Südrußland war etwa 800 Kilometer entfernt. Eine Geldschwierigkeit drückte mich. Mit einem meiner besten Lehrer hatte ich mich am Abend vorher entzweit. Eine unangenehme Auseinandersetzung mit der obersten Behörde stand bevor. Außerdem befand ich mich in einer begreiflichen Unruhe, weil wir an dem Tage die Geburt unseres ersten Kindes erwarteten. Alles dies drückte mich seelisch zu Boden.

So kniete ich denn nieder und betete: »Herr Gott, offenbare dich mir! Aber ich will nichts sehen oder hören, was ich später auf meine erregten Sinne schieben könnte, sondern sprich du zu mir ...« Im nächsten Augenblick schoß mir ein Bibelspruch durch den Kopf, den ich mit meinen Konfirmanden durchgesprochen hatte. Es war das Psalmwort: »Was hast du von meinen Geboten zu reden und nimmst meinen Bund in deinen Mund, da du doch Zucht hassest?« (Ps. 50, 15–17).

Der eine Ausdruck: »Zucht hassest« schlug bei mir ein, wie wenn ein Blitz in dunkler Nacht weithin das Gelände beleuchtet. Ja, das war mein eigentlicher Fehler: Sichaufbäumen gegen jede Zucht, Rechthaberei, Herrschsucht, mit dem Kopf durch die Wand wollen, Rücksichtslosigkeit. Von da aus wurde mir jetzt noch eine Reihe anderer Sünden klar, und im nächsten Augenblick wälzten sich meine Sünden wie Wellenberge daher. Mir war ganz klar, wie ich das Gottesebenbild in mir beschädigt und entstellt hatte. Auch war mir klar, daß ich bestimmt verloren war, wenn ich jetzt hätte sterben müssen. Wohin nur? Mein ganzes braves Pharisäerleben lag vor meinen Füßen. Da raffte ich mich aus meiner dumpfen Verzweiflung mit dem Gebet auf: »Jesus, du Lamm Gottes, erbarme dich auch meiner.«

Und lange hat es nicht mehr gedauert. Zum ersten Male durchflutete mich in meinem Leben die Heilsgewißheit. Ich spürte die Nähe seiner Liebe und seines Friedens so, wie ich es später selten erlebt habe.

Als ich mich danach von den Knien erhob, war mir, als hätte Jesus mich angerührt und gesegnet.

Als sinnfällige Zeichen, daß Gott wirklich mit mir sein wolle, verschwanden alle jene äußeren Nöte noch am selben Tag. Die Zahnschmerzen vergingen plötzlich. Der Lehrer kam herein und fiel mir mit Tränen um den Hals: Wir hätten uns eigentlich viel zu lieb, als daß solch eine Erbitterung zwischen uns bleiben könne. Die Behörde schrieb: »Obwohl Sie wieder den Ton nicht getroffen haben, in dem Sie mit Ihrer vorgesetzten Behörde zu verkehren haben, soll doch die Sache so bleiben, wie Sie es bestimmt haben.« Und nicht lange danach kam auch mein Erstgeborener glücklich zur Welt.

Lektion in der Sprechstunde

Medizinalrat Dr. Harpert sah auf die verhärmte Frau, die vor ihm saß. Er kannte sie seit Jahren. Oft schon war sie zu ihm gekommen, um ihre Not zu klagen und Hilfe zu erbitten. Es war immer die gleiche Geschichte, die er anhören mußte. Wieder einmal war ihr Mann zur Nachtzeit betrunken nach Hause gekommen.

Dr. Harpert versuchte zu trösten. Es war schwer, hier die richtigen Worte zu finden. Was sollte er tun? Seine Hände waren gebunden. »Eine Zwangsentziehungskur ist nicht möglich. Es liegt kein öffentliches Interesse vor«, hatte ihm der Sozialdezernent geantwortet.

Öffentliches Interesse! Guntern hatte niemals, wenn er betrunken war, fremde Menschen bedroht. Mit dem wenigen Geld, das er seiner Frau überließ, hatte sie so gewirtschaftet, daß sie die Unterstützung der Wohlfahrtsbehörde nicht brauchte. Ihre Kinder waren gut erzogen und sauber gekleidet. Es lag also kein öffentliches Interesse vor! – Der Arzt überlegte. Er wußte, daß es seine Pflicht war, hier zu helfen. Frau Guntern stand körperlich und seelisch vor dem Ruin. Er sah ihre zuckenden Hände, das von Leid und Schmerz gezeichnete Gesicht. Hier mußte geholfen werden.

»Frau Guntern«, begann er, »es gibt eine Möglichkeit, Ihren Mann zu einer Entziehungskur in eine Anstalt einzuweisen. Die Behörde kann es nicht. Aber Sie können einen entsprechenden Antrag stellen.«

Die Frau schaute ihn verwirrt an. Langsam stand sie

auf und wandte sich der Tür zu. Als sie sich nun noch einmal umschaute, schien alles Schwere von ihr gefallen. Sie hatte ein seltsames Leuchten in den Augen. »Und was wird geschehen«, sagte sie, »wenn er erfährt, daß ich ihn in eine Anstalt gebracht habe? – Sie brauchen mir keine Antwort zu geben, Herr Doktor!« fuhr sie fort. »Mein Mann würde sich von mir scheiden lassen. Und eine Ehe ist doch unauflöslich.«

Frau Guntern hatte das Zimmer des Arztes verlassen. Dr. Harpert saß an seinem Schreibtisch und starrte vor sich hin. »Eine Ehe ist unauflöslich«, murmelte er. Dann erhob er sich, nahm Hut und Mantel, gab der Sekretärin im Vorzimmer einige Anweisungen und ging durch den breiten Flur dem Ausgang zu.

Als Medizinalrat Dr. Harpert endlich seine Wohnung betrat, fühlte er zum erstenmal eine Leere um sich. Noch vor einem Jahr war vieles anders gewesen. Er ging durch die Räume. Auf dem Schrank stand sein Hochzeitsbild; dort das Foto eines Kindes. Eine Staubschicht hatte sich darauf gelegt. Dr. Harpert fühlte, daß er einsam war.

Als er jetzt den Hörer des Fernsprechers ergriff, merkte er, daß er zitterte. Er wählte die Nummer. Eine Stimme meldete sich. »Erika, bist du es?« fragte er. »Ich wollte nur wissen, wie es dir geht?« Die Frau schluchzte. »Warte auf mich!« rief er in die Muschel hinein. »In einer halben Stunde bin ich bei dir.« –

Dr. Harpert rannte die Treppe hinunter. Manchmal nahm er mehrere Stufen. Für einen Augenblick blieb er unschlüssig vor der Haustür stehen. Er winkte einem Taxi zu: »Bergstraße Nummer dreiundzwanzig! Ich habe es eilig.«

H. Radtke

Ein Hai zeigt keinen Appetit

Auf dem Bahnhof einer holländischen Stadt stand ein Zug abfahrbereit. Zwei Studenten kamen gerade noch zur rechten Zeit und sprangen mit ihren schweren Koffern in ein Abteil. Wenige Minuten später befanden sie sich in einer vergnügten Unterhaltung mit einem ungewöhnlich großen, älteren Herrn, der ihnen gegenübersaß und sie schon die ganze Zeit mit Wohlgefallen betrachtet hatte. Er erfuhr, daß die beiden jungen Männer mit Beginn des neuen Semesters an einer anderen Universität studieren wollten und sich eben von ihrer Wirtin verabschiedet hätten. Sie seien lange Zeit von ihr fürsorglich betreut worden, nur habe sie immer etwas fromm gesprochen. Zum Abschied habe sie sogar jedem eine Bibel geschenkt. Der jüngere holte seine schmunzelnd heraus. »Was soll ich damit bloß anfangen? Ob ich sie aus dem Fenster werfe?«

Das Gesicht des älteren Herrn verdüsterte sich. »Tun Sie das nicht, junger Mann!« sagte er. »Es bringt Ihnen Unglück – glauben Sie mir! Ich könnte Ihnen die Geschichte eines Mannes erzählen, der es ähnlich gemacht hat und der um Haaresbreite dabei einen schlimmen Tod gefunden hätte. Ich will damit nicht sagen, daß Gott in jedem Fall eine solche Strafe schickt, aber er wird Sie keineswegs vergessen.«

Der Ältere fragte wie beiläufig: »Was war das für eine Geschichte, die sie erwähnten? Kennen Sie den Mann?«

»Es ist ein gebürtiger Amsterdamer«, antwortete er.

»Er fuhr damals als Untersteuermann auf einem Frachtschiff an der südamerikanischen Küste. Man kann nicht sagen, daß er verdorben war, er war nur leichtsinnig. Außerdem trank er zuviel. Wenn seine Kameraden dann über den Glauben spotteten, hielt er wacker mit. Als Anlaß ihrer Spötterei diente ihnen oft der Koch des Dampfers. Das war ein Inder, ein baumstarker Mann mit dem Herzen eines Kindes. Sie riefen ihn Josef. Wie es hieß, war der Inder in einer Missionsschule erzogen worden. Kein Wunder, daß die Besatzung ihn verlachte.

Eines Tages lag das Schiff in einem westindischen Hafen vor Anker. Es war Nachmittag, die Ladung war gelöscht. Trinkend lag ein Teil der Leute an Deck und sah einem Hammerhai zu, der träge das Schiff umschwamm. Da kam der trinkfreudige Untersteuermann auf einen Gedanken. Hatte er nicht kürzlich von dem Leiter eines Seemannsheimes, in dem er übernachtet hatte, eine Bibel geschenkt bekommen? Natürlich, er hatte sie angenommen – was hätte er auch anders tun sollen! Aber nun wollte er den Hai damit füttern. Eilig holte er die Bibel herbei. Die Zechgenossen begrüßten seinen Vorschlag mit Gelächter. Der Schiffszimmermann stiftete sogar ein Stück ranzigen Speck, um das Buch daranzubinden. Lachend standen die Leute an der Reling und winkten dem Tier. Aber der Raubfisch tat ihnen den Gefallen nicht. Er schwamm langsam näher, umkreiste argwöhnisch den Köder und entfernte sich wieder. Übermütiges Lachen folgte ihm. ›Ei, seht‹, schrie der erste Maschinist, ›er findet die Bibel unverdaulich!‹ Und sie spotteten kräftig.

Auf einmal aber geschah etwas Unvorhergesehenes.

Der Untersteuermann, der sich zu weit über das Geländer beugte, verlor plötzlich das Gleichgewicht. Wie ein Stein klatschte der Betrunkene ins Wasser. Einen Augenblick herrschte tiefe Stille an Bord, die Lästerungen verstummten. Dann gellte ein Schrei des Entsetzens über das Schiff. Der ins Wasser Gefallene tauchte, jäh ernüchtert, wieder auf und schwamm wie rasend dem Fallreep zu; die Bestie hatte ihn bereits entdeckt und folgte ihm. Das Speckstück mit dem Buch hatte sie nicht beachtet, der lebende Mensch jedoch, der wie wild um sich schlug, schien ihr eine gute Beute zu sein.

In diesem Augenblick trat der Inder aus der Kombüsentür, die Schreie hatten ihn aufmerksam gemacht. Er sah die verzerrten Gesichter der an der Reling Stehenden und begriff die Lage sofort. Den Hai hatte er bereits seit dem frühen Morgen beobachtet. Mit einem Satz sprang er in die Küche zurück, ergriff ein langes, haarscharfes Fleischmesser, nahm es zwischen die Zähne und rannte zur Reling. Er sah das graue Gesicht des im Wasser Schwimmenden und die geschmeidig herangleitende Bestie. In der nächsten Sekunde schwang er sich über das Geländer und sprang kopfüber ins Wasser!

Was nun folgte, war das Werk weniger Augenblicke; es spielte sich schneller ab, als man es beschreiben kann, und es war bereits vorüber, bevor die weißen Seeleute es recht begriffen hatten. Der Inder tauchte sofort und verschwand unter der Wasseroberfläche – wie ein Schatten glitt sein großer, starker Körper auf den Hai zu. Der Hai war inzwischen bis auf wenige Meter an sein Opfer herangekommen. Schon begann er, sich etwas seitwärts zu drehen, sein furchtbares

Gebiß wurde sichtbar – da schlug er jäh einen gewaltigen Haken und wirbelte herum; das Wasser neben ihm färbte sich.

Ein Schrei wilder Freude brach aus siebzehn Seemannskehlen. Sie sahen es deutlich: bis ans Heft steckte das Schlachtmesser im Hals des Tieres. Der Mordfisch raste davon. An der Bordwand aber tauchte der Inder wieder auf, packte den vor Grauen Erstarrten und schwamm mit ihm dem Fallreep zu. Eine Minute später standen sie auf Deck.«

Hier schwieg der Erzähler. Die beiden Zuhörer saßen wie gebannt. »Großartig!« rief der Ältere begeistert. »Das hat der Inder wohl schon öfter getan; ich las kürzlich etwas Ähnliches.«

»Wohl möglich«, gab der Erzähler zu. »Es gibt vereinzelte kühne Leute, die den Hai in seinem Lebensraum angreifen. Ich habe zwei von ihnen kennengelernt; einer hatte seinen linken Arm dabei verloren. Unser Inder hatte bereits zwei Kämpfe mit diesem Tier bestanden, wie wir nachher hörten.«

»Die Matrosen haben ihn nachher wohl tüchtig gefeiert?«

»So war es«, lächelte der Erzähler. »Er war der Held des Schiffes. Niemand spottete mehr über seine Frömmigkeit. Es war eine stumme, aber eindrucksvolle Predigt gewesen, die ihnen der Koch gehalten hatte. Niemand ließ künftig mehr etwas auf ihn kommen.«

»Woher hatte der Mann nur seine außergewöhnlichen Fähigkeiten?« fragte der Jüngere. »In der Missionsschule dürfte man wohl kaum das Hauptgewicht auf sportliche Übungen gelegt haben!«

»Ich habe in meinem Leben erfahren«, erwiderte der

Gefragte, »daß ein wahrhaft gläubiger Mensch auch im sonstigen Leben meist etwas Tüchtiges leistet. Die innige Verbindung mit Gott lähmt nicht die natürlichen Fähigkeiten, sondern hilft mit, sie zu entfalten.«

Der Student grübelte eine Weile. »Sie haben das Abenteuer so anschaulich geschildert«, meinte er endlich, »daß ich annehmen möchte, Sie waren ebenfalls dabei. Haben Sie vielleicht bei der Rettung mitgewirkt?«

Das Gesicht des Erzählers wurde um einen Schein dunkler. »Nein, junger Mann«, sagte er langsam und betont. »Ich war derjenige, der über Bord fiel. Nun werden Sie mir wohl glauben, daß ich befugt war, Sie zu warnen . . .«

A. Senge

Ein Quizmaster weiß keine Antwort

»Ich heiße Walter Ndongo. Meine Heimat ist Nakuru in Kenia, Ostafrika. Ich bin hier Student der Volkswirtschaft.«

»Danke sehr. Ich denke, meine Damen und Herren, wir sollten unseren afrikanischen Gast noch besonders begrüßen.«

Das Publikum klatscht.

»Ich stelle Ihnen drei Fragen, die für mitteleuropäische Begriffe zur Allgemeinbildung gehören. Beginnen wir mit der leichtesten Frage: Wo ist Karl Marx geboren?«

»In Trier«, sagt Ndongo schnell und sicher.

»Ausgezeichnet!« Das Publikum geizt nicht mit Beifall.

Ndongo ist erstaunt, daß diese Frage hierzulande zur Allgemeinbildung zählen soll.

»Wenn Sie die nächste Frage richtig beantworten, gewinnen Sie zusammen 100 Mark. Antworten Sie falsch, verlieren Sie aber auch das Honorar für die erste Frage. Wollen Sie weitermachen?«

»Ich rate weiter.«

»Die nächste Frage ist schon schwerer: Welchem Philosophen entnahm Karl Marx die Lehre für seine Grundgedanken?«

»Georg Wilhelm Friedrich Hegel, 1770–1831«, sagt Ndongo wie in einem philosophischen Examen.

»Herzlichen Glückwunsch!« Die Zuschauer klatschen schon lauter.

»Wenn Sie auch die nächste Frage noch richtig beantworten, erhalten Sie 200 Mark. Oder wollen Sie die 100 Mark, die Sie bisher gewonnen haben, nicht aufs Spiel setzen?«

»Ich mache weiter.« Das Publikum dankt mit Beifall.

»Nennen Sie zwei berühmte Werke, die Karl Marx geschrieben hat.«

»Das Kapital.« – »Das ist eines davon.«

»Das Manifest? Aber das hat er zusammen mit Engels verfaßt.«

»Danke, das genügt. Ich gratuliere Ihnen!«

Da die Zuschauer erst nach dem Glückwunsch zu klatschen beginnen, bezweifelt Ndongo, daß diese Fragen in Deutschland zur Allgemeinbildung gehören.

»Damit haben Sie 200 Mark gewonnen. Wenn Sie mir jetzt Gelegenheit zur Revanche geben wollen, laufen Sie Gefahr, daß ich Ihnen den sauer verdienten Gewinn wieder abverdiene. Sie haben aber auch die Möglichkeit, weitere 200 Mark dazuzugewinnen.«

»Ich möchte Ihnen auch drei Fragen stellen«, antwortet Ndongo. Das Publikum dankt mit stürmischem Beifall.

»Aber wollen Sie bitte darauf achten, daß die Spielregeln Fragen aus dem Bereich der Allgemeinbildung vorschreiben.«

»Gern«, sagt Ndongo bescheiden. »Meine erste Frage: Wie heißt der Berg, auf dem Gott die Zehn Gebote gab?«

»Sie brauchen es mir nicht so leicht zu machen«, sagt der Quizmaster.

Ndongo erwidert höflich: »Sie haben auch mit einer

leichten Frage begonnen. ›Wie du mir, so ich dir‹ heißt doch das Motto der Sendung?«

»Bitte, wenn Sie wollen: Auf dem Ararat.«

»Falsch!«

»Dann war es der Libanon?«

»Falsch. Es war auf dem Berg Sinai.«

»Jaaa! Auf dem Berg Sinai war ich noch nie!« sagt Roland und zeigt ein Schauspielerlächeln. »Und Sie haben jetzt einen Berg von 400 Mark auf Ihrem Konto bei uns stehen.«

Die Zuschauer lachen und klatschen. Ndongo weiß nicht recht, ob der Beifall ihm gilt oder dem Quizmaster.

»Meine nächste Frage ist etwas schwerer: Wie lauten die Zehn Gebote, die Gott auf dem Berg Sinai gegeben hat?« Ndongo und die Musiker sehen, wie der Quizmaster erblaßt. »Es genügt, wenn Sie die ersten drei Gebote nennen«, will Ndongo ihm helfen.

»Du sollst nicht töten.«

»Das ist das fünfte Gebot.«

»Du sollst nicht stehlen.«

»Das ist das siebte Gebot.«

»Dann darf ich Ihnen gratulieren, daß Sie bereits 800 Mark gewonnen haben.«

Die Zuschauer lachen und klatschen.

»Ich bin überzeugt, daß Sie auch noch 1600 Mark erreichen, wenn Sie mich weiter über Theologie examinieren.«

»Ich gebe zu, daß das Alte Testament seine Schwierigkeiten hat. Darum will ich die letzte Frage dem Neuen Testament entnehmen: Können Sie mir fünf der zwölf Apostel nennen?«

»Petrus.«

»Ja!«

»Paulus.«

»Stimmt nicht. Der Mann kam später hinzu.«

»Judas.«

»Sehr richtig!«

»Pontius Pilatus.«

»Ganz falsch!«

»Ich gratuliere Ihnen . . .« Die weiteren Worte gehen im Tusch des Orchesters und im Beifall des Publikums unter.

Ndongo verneigt sich. Der berühmte Quizmaster Rudi Roland versucht, sich einen guten Abgang zu verschaffen und fragt: »Wer hat Ihnen eigentlich verraten, daß Theologie meine schwache Seite ist?«

»Oh!« sagt Ndongo. »Verraten hat mir niemand etwas. Ich wollte nicht unfair sein. Wir sind hier doch in einem christlichen Land. Ich habe Sie nur gefragt, was in meiner Heimat zur Allgemeinbildung gehört.«

Kurt Jungmann

Ein gutes Schlafmittel

»Danke für die Nachfrage, Nachbar. Meiner Lene geht es etwas besser, nur die Nächte – diese langen, schlaflosen Nächte! Da wälzt sich die arme Frau herum und findet keine Ruhe. Der Arzt zuckt die Schultern und will nicht noch stärkere Mittel geben, denn mit der Zeit schaden die mehr, als daß sie nützen.«

Meister Rühl erhebt sich und sagt: »Ich wüßte ein gutes Mittel, das bestimmt hilft. Als ich vor Jahren auch an Schlaflosigkeit litt, habe ich's probiert. Nachbar, wenn alles versagt, das bringt die nötige Ruhe, darauf können Sie sich verlassen. Es ist das ›gesegnete ABC‹! Und wie man das ›Mittel‹ nimmt, will ich Ihnen auch gleich sagen. Man sagt dem ABC nach biblische Sprüche auf, zum Beispiel: **A**lle Lande sind seiner Ehre voll. – **B**leibet fest in der brüderlichen Liebe. – **D**ennoch bleibe ich stets an dir. – **E**r wird regieren von Ewigkeit zu Ewigkeit. Verstehen Sie, Nachbar? Das ist das ›gesegnete ABC‹!«

Nachbar Barth versteht schon. Bibelworte sind nichts Besonderes im Munde von Meister Rühl. Er gehört zu den Frommen, die alle Sonntage zur Predigt gehen und tapfer singen und bekennen. Er selbst geht ja auch ab und zu mal in die Kirche, besonders an den großen Festtagen des Jahres; da gehört es zum guten Ton, daß man sich dort sehen läßt. Aber jetzt wehrt er unwillig ab; er hält das für eine völlig nutzlose Sache, das mit den Bibelsprüchen, und meint: »Bis meine Frau den richtigen Spruch gefunden hat, ist die Nacht vorbei. Gut gemeint, Meister, aber für uns kommt so etwas kaum in Frage.«

Rühl hat nichts mehr dazuzusetzen, aber im stillen hofft er, daß Barth seiner Frau von der Sache sagen wird. Und die Lene, die glaubt er besser zu kennen, die wird es doch versuchen.

Und so kommt es. Barth erzählt seiner Frau, was Meister Rühl gesagt hatte. Freilich spottet er dabei, aber die Lene denkt darüber nach. »Das ganze Alphabet?« fragt sie. »Das sind ja 26 Buchstaben! Ich glaube, so viele Sprüche kenne ich nicht. Ich will überlegen.«

Ihr Mann knurrt nur noch dazu und denkt: Jede Albernheit muß sie mitmachen. Als sie ihn aber bittet, ihr behilflich zu sein, da fährt er auf: »Papperlapapp! Ich habe anderes zu tun. Paß in der Kirche auf, was der Pfarrer sagt. Und sonst suchst du dir eben in der Bibel die nötigen Sprüche zusammen. Meinst du, mich gehe das etwas an? Ich kann auch ohne Bibelsprüche schlafen, gut sogar! Ich habe nie gescholten, wenn du Schlafmittel brauchtest, auch wenn sie noch so teuer waren. Das mußte eben sein. Aber diesen albernen Einfall des alten Wunderlings unterstütze ich nicht, und damit basta!«

Dann geht Barth zu seinem Stammtisch und schimpft dort über Meister Rühl: »Einen Floh hat er meiner Lene ins Ohr gesetzt. Nun hockt sie daheim und blättert in der Bibel und mischt sich ihr Schlafpulver mit frommen Versen. Ist das nicht zum Lachen?« Der Wirt aber ist einer von denen, die außer ihrem Beruf noch Höheres kennen. Er meint, das sei vielleicht gar nicht so übel. Barth solle abwarten, wie die Wirkung sich herausstelle. Schließlich wäre die Sache seiner Meinung nach so, daß die Frau angeregt werde, über Ewigkeitsfragen nachzudenken, das brächte Ruhe, wenn sie nur den rechten Glauben hätte. »Den hat sie«, meint Barth ziemlich unwirsch, und dann: »Gut, ich will still sein.«

Die Lene hatte sich schon ins Bett gelegt, als er heimkam. Aber sie ist noch wach. Bis zum **R** war sie gekommen und sagt den Vers halblaut vor sich hin: »**R**ichtet nicht, auf daß ihr nicht gerichtet werdet!«

Barth horcht auf – und lacht. Aber Lene sagt freundlich: »Franz, nun weiß ich nicht weiter. Das **S** ist an der Reihe, das **S**. Hilf mir aus mit einem Spruch.«

»**S**chlaf!« sagt er und meint, einen guten Witz gemacht zu haben, und lacht nur noch mehr.

»Der dich behütet schläft nicht ...«, setzt sie sanft dagegen, »nur, das fängt ja nicht mit einem S an, das gilt also nicht. Doch, halt, jetzt fällt mir etwas ein: ›Seid niemand nichts schuldig, als daß ihr einander liebet.‹ Siehst du, bei einigem Nachdenken geht es. Und es ist wahr, was Meister Rühl sagte, man wird ruhig, sehr ruhig dabei.«

Barth hat eben ärgerlich aufbegehren wollen, aber das Wort von der Liebe läßt ihn verstummen. Die Lene ist krank. Man muß Geduld haben mit ihr. Leise zieht er sich aus und lauscht und merkt bald, daß seine Frau eingeschlafen ist. Das macht ihn stutzig. Sollen wirklich die frommen Sprüche daran schuld sein? Unsinn! Sie ist müde von der Arbeit des Tages.

Nun liegt er aber da und wirft sich hin und her und ist gezwungen, nachzudenken, und sieht immer den alten Rühl vor sich stehen mit einer dicken Bibel in der Hand. »**A**lles nun, was ihr wollt, daß euch die Leute tun sollen, das tut ihr ihnen.« Merkwürdig, daß ihm dieser Satz einfällt und nicht locker läßt. Er möchte davon loskommen, zermartert sich schier und sucht und sucht nach einem anderen Wort, das mit einem B beginnen soll, und findet keins und hat immer nur diesen Spruch vor sich. Nebenan ist Lene und atmet friedlich und schläft wie eine Gesunde. Er aber wälzt sich herum.

Nun wird sie wach und ist verwundert und besorgt zugleich. Sie fürchtet, er sei plötzlich krank geworden und will aufstehen und ihm Tee kochen.

»Nicht doch, Frau, laß nur! Mir fehlt – ein Bibelspruch. Mit einem **B** muß er anfangen, hörst du – weiter bin ich nicht gekommen bis jetzt.« Das klingt ordentlich kläglich. Gleich weiß sie das Rechte: »**B**efiehl dem Herrn deine Wege und hoffe auf ihn, er wird's wohl machen.«

Darüber sprechen sie noch eine kurze Zeit, dann denken sie nach, jedes für sich. »Meister Rühl ist ein Tausendsassa«, sagt Barth schließlich. »Ich bin in der Tat gezwungen, morgen in die Bibel zu sehen und mir Sprüche aufzuschreiben. Sonst wird's am Ende umgekehrt: Du kannst schlafen, und mir kommen die schlaflosen Nächte.«

Fortan treiben sie es gemeinsam, das »gesegnete ABC«. Und es bringt ihnen sehr reichen Segen; es gibt der Frau die Ruhe zum Schlaf und dem Mann den Frieden, den er bisher nicht gehabt hat.

Ob Ihnen dieses »Schlafmittel« nicht auch helfen könnte? Versuchen Sie es doch!

Nach O. Rathmann

Von der Rettungsstation zum Clubhaus

An einer gefährlichen Küste befand sich vor Zeiten eine kleine armselige Rettungsstation. Die Küste war schon vielen Schiffen zum Verhängnis geworden. Deshalb hatte sich eine Handvoll Freiwilliger hier eine kleine Hütte gebaut, um den Wachdienst zu versehen. Zu dieser Rettungsstation gehörte nur ein einziges Boot. Mit diesem wagte sich die kleine mutige Mannschaft immer wieder, bei Tag und bei Nacht, auf das Meer hinaus, um die Schiffbrüchigen zu retten.

Es dauerte nicht lange, daß dieser kleine Stützpunkt bald überall bekannt wurde. Viele der Erretteten und auch andere Leute aus der Umgebung waren gern bereit, die armselige Station mit Geld zu unterstützen. Die Zahl der Gönner wuchs. So konnte man neue Boote kaufen und neue Mannschaften schulen.

Mit der Zeit gefiel den Gönnern die kleine ärmliche Hütte nicht mehr. Die Geretteten, sagte man, benötigten doch einen etwas komfortableren Ort als erste Zufluchtsstätte. Deshalb beschloß man, die provisorischen Lagerstätten durch richtige Betten zu ersetzen. Man erweiterte das Gebäude und stattete alle Räume mit schöneren Möbeln aus. Auf diese Weise wurde die Rettungsstation allmählich zu einem beliebten Aufenthaltsort. Die Station diente den Männern als Clubhaus, in dem man gesellig beieinander sein konnte.

Gleichzeitig geschah aber auch etwas sehr Verständliches: immer weniger Freiwillige waren bereit, mit auf Bergungsfahrt zu gehen. Was tat man? Man heuerte für die Rettungsboote eine eigene Besatzung an. Immerhin schmückte das Wappen des Seenotdienstes noch überall die Räume, und von der Decke des Zimmers, in dem gewöhnlich der Einstand eines neuen Clubmitgliedes gefeiert wurde, hing das Modell eines großen Rettungsbootes.

Und nun passierte folgendes: Vor der Küste scheiterte ein großes Schiff, und die angeheuerten Seeleute kehrten mit ganzen Bootsladungen Frierender und Halbertrunkener zurück. Unter ihnen befanden sich Schwarze und Orientalen. In dem schönen Clubhaus entstand Chaos. Das Verwaltungskomitee ließ deshalb gleich danach Duschkabinen im Freien errichten, damit man die Schiffbrüchigen vor Betreten des Clubhauses gründlich säubern könne.

Bei der nächsten Versammlung gab es eine Auseinandersetzung unter den Mitgliedern. Die meisten wollten den Rettungsdienst einstellen, weil er unangenehm und dem normalen Clubbetrieb hinderlich sei. Einige jedoch vertraten den Standpunkt, daß Lebensrettung die vorrangige Aufgabe sei und daß man sich auch noch als »Lebensrettungsstation« bezeichne. Sie wurden schnell überstimmt. Man sagte ihnen: Sie könnten ja auch woanders ihre eigene Rettungsstation aufmachen, wenn ihnen das Leben all dieser angetriebenen schiffbrüchigen Typen so wichtig sei.

Das taten sie dann auch. Sie fingen ganz von vorne an mit einer kleinen erbärmlichen Hütte. Ihr guter Ruf aber verbreitete sich sehr schnell. Es gab neue Gönner, und es entstand ein neues Clubhaus – usw. usw. Die neue Station wandelte sich genauso wie die erste. Und so kam es dann schließlich zur Gründung einer dritten Rettungsstation. Doch auch hier wiederholte sich die alte Geschichte. Zuerst gab es wieder nur eine kleine erbärmliche Hütte. Aber der gute Ruf verbreitete sich schnell; es gab Gönner; es wurde ein Clubhaus gebaut usw. usw.

Wenn man heute diese Küste besucht, findet man längs der Uferstraße eine beträchtliche Reihe exklusiver Clubs. Immer noch wird die Küste vielen Schiffen zum Verhängnis; nur – die meisten der Schiffbrüchigen ertrinken!

Was sind unsere Kirchen: Clubhäuser für geistlich Arrivierte oder Rettungsstationen für Verlorene?

Die Wege Gottes

Ein alter Einsiedler lag vor der Tür seiner Hütte und dachte: Ich hab' doch lange genug gelebt in der Welt, aber daß darin alles mit rechten Dingen zugehe und daß Gottes Wege allzeit gut und weise sein sollten, darein kann ich mich nicht finden. Darüber schlief er ein und hatte einen Traum.

Eine Stimme, so träumte er, kam vom Himmel und rief: »Steh auf, Johannes, und geh hinaus in die Welt, ich will dir die Wege Gottes zeigen!« Er stand auf, nahm seinen Stab und schritt in den Wald hinein. Bald hatte er sich verirrt und fand keinen Ausweg und schrie ängstlich nach einem Menschen. Da trat ein unbekannter Mann zu ihm und sprach: »Geh mit mir, denn allein kannst du nicht durch den Wald finden.«

Am Abend kamen sie an ein Haus, und der Hauswirt nahm sie freundlich auf, speiste und beherbergte sie aufs beste, »denn«, so sagte er, »ich feiere heute einen frohen Tag. Mein Feind hat sich mit mir versöhnt und mir zur Bekräftigung unserer Freundschaft einen goldenen Becher geschenkt.« Am Morgen wünschten sie ihm einen Gotteslohn für seine Barmherzigkeit; der Einsiedler aber sah, wie sein Begleiter heimlich den goldenen Becher aus dem Schrank zog und in sein Bündel schob und ihn mitnahm, als sie weitergingen. Der Einsiedler wollte böse werden, der Begleiter aber sprach: »Schweig! So sind die Wege Gottes!«

Darauf kamen sie wieder in ein Haus; der Hauswirt aber war ein Geizhals, fluchte und schimpfte über die ungebetenen Gäste und tat ihnen allen Spott und alles Leid an. »Da müssen wir fort«, sagte der Begleiter, »und den Staub von unseren Füßen schütteln.« Ehe sie aber gingen, schenkte er dem Hauswirt, der nicht wußte, wie ihm geschah, den schönen goldenen Becher. »Was machst du da?« fuhr der Einsiedler auf; der andere aber legte den Finger auf den Mund und sprach: »Schweig! So sind die Wege Gottes!«

Am Abend kamen sie wieder zu einem Mann, der war sehr gut, aber traurig. Mit aller seiner Arbeit, sagte er, könne er's doch nicht vorwärts bringen – das Unglück verfolge ihn, ein Stück ums andere von seinem Eigentum müsse er verkaufen, und jetzt habe er nichts mehr als eine baufällige Hütte mit ihren leeren Wänden. »Gott wird helfen«, sagte der Begleiter; vor dem Weggehen aber ergriff er ein Licht und zündete ihm das Haus über dem Kopf an. »Halt!« schrie der Einsiedler und wollte ihm in die Arme fallen; der aber sprach: »Schweig! So sind die Wege Gottes!«

Am Abend des dritten Tages kamen sie zu einem Mann, der nahm sie gut auf, war aber sehr finster und in sich gekehrt. Nur mit seinem kleinen Söhnlein war er sehr freundlich, denn es war sein einziges Kind, und er hatte es sehr lieb. Dem Einsiedler gefiel das sehr wohl. Als sie am Morgen weggingen, sagte der Mann: »Ich kann euch nicht begleiten, mein Sohn wird euch den Weg zeigen bis an den Steg, der über das Wasser führt, aber gebt acht auf das Kind, daß es keinen Schaden nimmt!«

»Gott wird's behüten«, sagte der Begleiter und gab dem Mann die Hand. Als sie an den schmalen Steg gekommen waren, unter dem das Wasser brauste, wollte der Sohn wieder umkehren. Der Begleiter aber sagte: »Geh nur voran!« Darauf, als sie in die Mitte des Steges gekommen waren, faßte er das Kind im Genick, hob es hoch in die Höhe und schleuderte es hinab in den Strom.

Jetzt verging dem Einsiedler Hören und Sehen. »Du heuchlerischer Teufel!« schrie er. »Da will ich lieber im wilden Wald verschmachten oder von den reißenden Tieren mich verzehren lassen, als noch einen Schritt mit dir gehen. Das sind die Wege Gottes, die du mir zeigen willst? Da lügst du und sollst mit deiner Lüge in die Hölle fahren!«

Aber im Augenblick verwandelte sich der Begleiter in einen Engel, ein himmlischer Glanz umstrahlte ihn, und er sprach: »Höre, Johannes! Der Becher, den ich dem freundlichen Mann nahm, war vergiftet, der Geizhals aber wird sich zum Lohn seiner Sünden den Tod daraus trinken. Der arme, fleißige Mann wird sein Haus wieder aufbauen und unter der Asche einen Schatz finden, mit dem ihm von nun an aus seiner Not geholfen ist. Der Mann, dessen Kind ich in den Strom schleuderte, war ein schwerer Sünder, und das Kind, das er verzog, wäre einst ein Mörder geworden. Nun wird des Kindes Verlust des Vaters Herz zur Buße kehren, das Kind selbst aber ist wohl aufgehoben. Du konntest in die Weisheit und Gerechtigkeit der Wege Gottes dich nicht finden. Siehe! Nun hast du ein Stück davon gesehen. Bescheide dich in Zukunft!«

Damit entschwand der Engel. Der Einsiedler aber erwachte, ging in seine Hütte und war hinfort geheilt von allen seinen Zweifeln.

»Wissen Sie, wie dicht der Nebel ist?«

Der Kapitän eines Ozeandampfers machte bei einer Fahrt über den Atlantik auf eine eigenartige Weise die Bekanntschaft mit Georg Müller aus Bristol. In der kleinen Geschichte hier erzählt er, wie die Begegnung mit diesem außergewöhnlichen Mann zu einem Wendepunkt in seinem Leben wurde.

Vor einigen Wochen geschah während der Fahrt über den Atlantischen Ozean etwas Außergewöhnliches, das mein ganzes Leben umgewandelt hat.

Ich gehörte zu den »gewöhnlichen« Christen. Wir hatten aber einen Gottesmann an Bord, Georg Müller aus Bristol. Schon 22 Stunden war ich auf der Kommandobrücke und konnte sie nicht verlassen. Plötzlich berührte jemand meine Schulter, daß ich zusammenschrak. Es war Georg Müller.

»Kapitän«, sagte er, »ich komme, Ihnen zu sagen, daß ich Sonntagnachmittag in Quebec sein muß.«

»Es ist nicht möglich«, sagte ich.

»Nun, Ihr Schiff kann es nicht, aber Gott kann Mittel und Wege finden, um mich hinzubringen. Ich habe in den 57 Jahren noch nie eine Verabredung gebrochen.«

»Ich würde Ihnen gerne helfen, aber wie kann ich es? Ich bin machtlos.«

»Wir wollen in die Kajüte hinuntergehen und beten.«

Ich sah den Mann an und dachte bei mir selbst, er sei reif für das Irrenhaus; so etwas hörte ich noch nie.

»Mr. Müller«, sagte ich, »wissen Sie, wie dicht der Nebel ist?«

»Nein«, erwiderte er, »mein Auge ist nicht an die Dichte des Nebels gewöhnt, wohl aber an den lebendigen Gott, der alle Umstände meines Lebens leitet.«

Er ging hinunter, fiel auf seine Knie und betete einfältig und schlicht, daß ich bei mir dachte, dies Gebet würde für Kinder von acht oder neun Jahren passen. Es war etwa so: »O Herr, wenn es mit deinem Willen übereinstimmt, räume bitte den Nebel in fünf Minuten hinweg. Du weißt um die Verabredung, die du für mich Sonntag in Quebec trafest. Ich glaube, es ist dein Wille.«

Als er gebetet hatte, legte er seine Hand auf meine Schulter und sagte mir, ich solle aber nicht beten, »denn erstens glauben Sie nicht daran, und zweitens hat mich der Herr schon erhört.«

Ich sah ihn an, und Georg Müller sagte: »Kapitän, ich kenne meinen Herrn 57 Jahre. Es ist noch kein einziger Tag gewesen, wo ich nicht bei meinem König vorgelassen wurde. Kommen Sie, öffnen Sie die Tür, und Sie werden sehen, daß der Nebel fort ist.«

Als wir hinauskamen, war der Nebel verschwunden, und Sonntagnachmittag war Georg Müller rechtzeitig in Quebec.

Der heilige Zaun

Wer die beiden waren und wie sie hießen, tut nichts zur Sache. Was sie miteinander erlebten, war eigentlich nichts Besonderes, sondern etwas, was viele, viele Menschen erleben. Aber welche Haltung sie zu ihrem Geschick einnahmen, das soll erzählt werden, denn die Tatsachen selbst sind eigentlich in keines Menschen Leben das Wichtigste, sondern: Was man daraus macht, wie man sein Leben gestaltet, darauf kommt's an!

Als das Mädchen in das Leben des Mannes trat, war dieser bereits verheiratet – und wie er meinte, »glücklich«. Zwar hatte er manchmal Stunden, in denen er eine innere Leere fühlte. Woran es lag, wurde ihm indessen erst bewußt, als er das Mädchen kennenlernte. Der Beruf hatte sie zusammengeführt. Sie war ihm vom ersten Tage an aufgefallen durch ihr zurückhaltendes Wesen, das sich ganz und gar unterschied von dem der meisten anderen Mitarbeiterinnen. Sie fiel geradezu aus dem Rahmen. Ohne hochmütig zu sein, war sie doch etwas Besonderes. Sie lachte nie zu zweideutigen Scherzen und hatte allen Kollegen gegenüber einen anderen Umgangston als die übrigen. Das behielt sie auch bei, als sie schon länger zu ihnen gehörte und vertrauter mit ihnen wurde. Jeder spürte es: sie steht weit über uns allen.

Der Mann war ihr Vorgesetzter, und vielleicht wären sie sich noch lange fremd und fern geblieben, wenn nicht ein kleines Erlebnis der Anlaß gewesen wäre, der sie innerlich näher zueinander führte. Eine junge Kollegin hatte einen groben Fehler in der Buchführung gemacht und ängstigte sich vor der Entdeckung. Da nahm das Mädchen, das schon immer bei allen Gelegenheiten anders gehandelt hatte als die übrigen, einfach den Fehler auf sich, ging mutig zu ihrem Vorgesetzten und entschuldigte sich der falschen Buchung wegen. Die Ermahnung fiel zwar etwas milder aus, als sie vielleicht bei einer anderen Untergebenen ausgefallen wäre, aber immerhin gab es doch eine. Als es sich später durch einen Zufall herausstellte, daß jemand anders den Fehler begangen hatte, rief der Chef das Mädchen in sein Zimmer. Sie sprachen darüber, und er war sehr bewegt über ihre vornehme Gesinnung. Es war ihm in seiner langen Geschäftspraxis etwas Derartiges noch nicht vorgekommen. Zum Schluß der kleinen Unterredung, die mehr einen persönlichen Charakter hatte, dankte er ihr. Dabei gab er ihr die Hand und hielt sie etwas länger und fester in der seinen, als das sonst üblich ist. In diesem Augenblick sprang – wie man so zu sagen pflegt – »der Funke auf das Mädchen über«. Sie fühlte eine tiefe Sympathie und zugleich eine ungewisse Angst.

In der nächsten Zeit suchte der Vorgesetzte öfter Gelegenheit, sie unter vier Augen zu sprechen. Er hatte gewiß nichts Böses im Sinn, vielleicht war es zunächst sogar ein mehr unterbewußtes Sich-hingezogen-Fühlen zu diesem Mädchen, das mit ihrer Unberührtheit eine Macht auf ihn ausübte. Die Zuneigung beruhte durchaus auf Gegenseitigkeit, und im selben Augenblick, da sich das Mädchen dessen bewußt wurde, daß sie etwas Tieferes für diesen Mann empfand, etwas, das ihnen zur Gefahr werden konnte, fing sie an, einen heiligen Zaun zwischen sich und dem Mann aufzubauen. Es war ihr bange, sie möchte an diesem so geschätzten Mann, zu dem sie bisher in Anerkennung aufgeblickt hatte, eine Schwäche erleben, an der sie selbst schuldig wäre.

Dieser Gedanke lag ihr um so näher, als sie ein solches Erlebnis mit ihrem früheren Chef gehabt hatte. Sie dachte jetzt öfter an ihre letzte Stellung, in der sie sich wohl gefühlt hatte bis . . . ja, bis der Prokurist, zu dem sie in einem sehr guten Verhältnis stand, sie eines Tages plötzlich in die Arme zu ziehen versuchte. Damit zerschlug er in ihr das Idealbild eines reinen, aufrechten Mannes, denn er war ja verheiratet. Den nächsten Kündigungstermin benutzte sie, um ihre Stellung aufzugeben.

Ihr Instinkt sagte ihr nun deutlich, daß sie sich jetzt gegenüber ihrem heutigen Chef in derselben Spannung befand. Mit dem Herzen eines vor Gott verantwortungsbewußten Menschen aber fand sie im rechten Augenblick das rechte Wort und Verhalten.

Sie war gerade wieder in das Zimmer des Vorgesetzten gebeten worden, um von ihm in ein zuerst geschäftliches, nachher privates Gespräch hineingezogen zu werden. Im selben Augenblick aber, da sie eine Gefahr heraufziehen fühlte, erzählte sie ihm in geschickter Gesprächswendung, warum sie ihre frühere Stellung aufgegeben hatte. Sie tat das ebenso taktvoll wie deutlich und erreichte damit auch ihr Ziel: Ihr Chef hatte sie verstanden, das stand deutlich in seinen Augen. Die erste »Zaunlatte« war gewissermaßen zwischen ihm und seiner Angestellten errichtet und hatte die Wertschätzung, die er dem Mädchen gegenüber empfand, noch wesentlich erhöht. Von da ab wuchs das Idealbild einer reinen Frau in seinem Herzen von einer Schutzlatte zur anderen, die das Mädchen mit geschickten Händen und einem reinen, gottgeheiligten Herzen erbaute.

So war es denn möglich, daß das Mädchen diese Stellung nicht aufzugeben brauchte und dennoch kein Unrecht geschah. Manch tiefes, wertvolles Gespräch wurde noch zwischen ihnen geführt, und viele wertvolle Gedanken wurden ausgetauscht, die gegenseitig bereichernd wirkten, denn der Mann konnte sich hier in einer Weise mit den geistigen Kräften einer Frau messen, wie er – das wurde ihm nun erst als das Manko seiner Ehe klar – mit seiner eigenen Frau es nicht konnte.

Dieser Umstand aber, der in so unzähligen Fällen zu feinerem oder gröberem Ehebruch führt, der Umstand nämlich, daß ein Mann in einem andern Mädchen irgend etwas findet, was ihm in seiner Ehe versagt bleibt, gab in diesem Falle keinen Anlaß zur Sünde und auch keine Fluchtnotwendigkeit. Warum? Jedesmal, wenn dem Manne der Wunsch kam, diesem Mädchen näher zu kommen, stieß er an den heiligen Zaun, den das Mädchen erbaute, den er zwar nicht sah, aber um so deutlicher fühlte. Die Angst, dieses wertvolle Menschenkind und alles, womit sie sein Leben bereicherte, eines Tages zu verlieren, bewahrte ihn davor, jemals seine Hand über den heiligen Zaun zu strecken.

Fridel Borkowski

Sich schämen und – danken!

Es ist eine Reihe von Jahren her. Studenten ließen sich durch die Anstalt Bethel führen. Sie kamen bei der Führung auch in ein Heim für schwerkranke, fallsüchtige Männer. Im Raum der Allerkränksten wagte sich einer der jungen Leute über alledem, was er sah, mit der Frage hervor: »Ist es nicht wirklich besser, wenn man diesen armen Kranken einen Todestropfen gibt, der sie schmerzlos entschlummern läßt und dadurch von ihrem Leiden erlöst?« Als er diese Frage stellte, hatte er nicht bedacht, daß ein Kranker in der Nähe stand; oder hatte er gemeint, daß dieser so krank aussehende Mann geistig diese Frage nicht fassen würde? Ehe jedenfalls jemand eine Antwort finden konnte, sagte der Kranke: »Schämen!« Der fremde Student und alle, die es hörten, waren tief betroffen und wohl auch beschämt.

Nun standen die Studenten am Bett des Kränksten unter den Allerkränksten. Er war über zwanzig Jahre alt, aber höchstens achtzig Zentimeter lang. Mit geschlossenen Augen lag er da. Aschfahl war sein Gesicht, und er bestand buchstäblich nur aus Haut und Knochen. Zuerst herrschte unter den Studenten lähmende Stille, als sie dieses Bild des Jammers sahen. Es war, wie wenn es ihnen den Atem verschlug. Schließlich unterbrach einer das Schweigen und fragte, ob man sich diesem Kranken noch verständlich machen könne. Der pflegende Diakon schlug vor, die Studenten sollten ihm einmal das Lied singen: »Gott ist die Liebe.« Das geschah. Nun beobachteten die jungen Männer zu ihrer großen Verwunderung, wie die Augen des Kranken sich öffneten. Sie sahen nun, was für schöne, braune Augen er hatte. In ihnen stand etwas vom Leid geschrieben. Aber dann begannen die Augen zu leuchten, und man hörte ein Brummen des Kranken. Alle Studenten waren davon überzeugt, daß dieses Brummen nur eine Bedeutung haben könnte: Er wollte mitsingen: »Gott ist die Liebe!«

Die jungen Menschen spürten: Hier wußte sich ein elender Kranker in Gottes Liebe geborgen. Damit hatte die in ihnen wachgewordene Frage nach der »Euthanasie«, nach dem »Gnadentod«, eine denkwürdige Antwort erhalten, und zwar so, daß als neue Frage in ihnen aufkeimte: Dürfen wir wirklich Hand an ein Menschenleben legen, das sich in Gottes Liebe geborgen weiß und darum von Gott her den Adel trägt, sein Kind zu sein? Noch als sie schon den Raum verlassen hatten, herrschte unter ihnen geraume Zeit Schweigen. Dann aber meinte einer aus ihrer Mitte: »Man muß doch noch ganz anders dafür danken, daß man gesund sein darf!«

Diesen Kranken nannte man in jener Zeit oft den »gesegnetsten Prediger Bethels«. Unzählige Menschen haben an seinem Bett für ihre Gesundheit danken gelernt. Wo man anfängt, Gott zu danken von ganzem Herzen, da wird die Ursünde der Menschheit überwunden, die Paulus mit den Worten beschreibt: »Sie haben Gott nicht gepriesen als Gott, noch ihm gedankt« (Röm. 1, 21). Pastor D. Friedrich von Bodelschwingh sagte einmal das feine Wort: »Das Reifwerden eines Christen ist im tiefsten Grunde ein Dankbarwerden.«

Die eindrückliche Predigt

Achtzehn Jahre alt war sie, da pflegte sie zum ersten Male eins ihrer Geschwister bis zum Tode; sie mußte dasselbe noch dreimal tun. Gott hatte jedoch sie selbst bewahrt. Er hatte noch mehr mit ihr vor.

Sie heiratete einen wohlhabenden Grundbesitzer und wurde Mutter und Herrin über ein großes, gastliches Haus, mit viel Arbeit, Glück und Sorge für viele Menschen.

Eines Tages stürzte ihr Mann vom scheuenden Pferd und wurde zum Krüppel für sein weiteres Leben. Zuerst tobte in ihm ein Kampf sondergleichen. Er ertrug es nicht, daß er »unnütz« und sein weiteres Leben »sinnlos« war. Seine Frau kämpfte mit Gott um die Seele ihres Mannes.

Gott hatte bisher ihren Glauben nicht auf die Probe gestellt. Jetzt galt es, diese erste, wenn auch furchtbare Erprobung zu bestehen. Und es gelang. Das Ehepaar, das sich überaus liebgehabt hatte, liebte sich nun noch mehr und sagte gemeinsam ja zu dieser Fügung Gottes.

Der Mann widersetzte sich nicht länger aus Stolz und Scham, alle Hilfeleistungen von der geliebten Frau anzunehmen. Sie verdoppelte ihre Zartheit. Wenn sie ihrem Mann den immer fließenden Speichel vom Munde abtupfte, war es wie eine Liebkosung aus ihrer Brautzeit. Ihre Tochter erzählte: »Ich habe niemals ein böses Wort zwischen Vater und Mutter fallen hören. Sie sahen sich alles an den Augen ab, in guten und schweren Zeiten.«

Vierzig Jahre wurde diese Ehe unter solch schwierigen Umständen geführt. Doch war durch Gottes Güte aus der Krankheitsnot ein Segen geworden für die ganze Familie und für viele Gäste. Unter denen, die diese Not und ihre Überwindung immer wieder miterlebten, war auch ein Superintendent. Einmal fragte ihn die Tochter des Hauses, warum er so oft in dieses Unglückshaus käme. Die Antwort wird die Tochter nie vergessen. Sie ist das schönste Ehrenmal für ihre Eltern: »Wenn mir in meinem Beruf besonders schwer und ernst ums Herz ist, dann fahre ich zu Ihren Eltern, obgleich es gar nicht so nah ist. Sie halten mir mit ihrer Ehe, mit ihrem ganzen Leben eine Predigt, wie ich sie so eindringlich nirgends hören kann.« – Was war der Inhalt dieser Predigt? »Ich vermag alles durch den, der mich mächtig macht, Christus.«

Käthe Seyfert

Ein Ständchen mit Wirkung

Eine gläubige Frau erzählt: Im Krankenzimmer einer Augenklinik lagen nachts zwei Frauen schlaflos. Die eine von ihnen hatte schon zum zweiten Male eine große, schwierige Operation an beiden Augen vornehmen lassen müssen. Wenn es diesmal wieder nicht geglückt war – es würde sich erst herausstellen, wenn man den Verband abnahm –, stand ihr, einer Frau in den besten Jahren, die völlige Erblindung bevor.

Die andere Frau war ich. Ich stand vor derselben großen Operation.

Wir beide waren unruhig; die eine aus Angst vor dem Erblinden, und ich dachte hin und her: Ob es wohl morgen schlimm sein wird? Ob es weh tut? Ob es lange dauert, und ob die Operation überhaupt gut verläuft? Dazu kam die Sorge um den Mann zu Hause, der auch nicht gesund war. Ich steckte voller Sorgen. Das war gewiß nicht recht von einer Frau, die sich in Gottes Händen geborgen weiß; doch die Sorgen waren nun einmal da ...

Die Klinik lag an der Hauptstraße, und das Oberlicht des Fensters stand offen. Was war das? Man hörte deutlich unter dem Fenster tappende, unsichere Schritte. Eine etwas heisere, lallende Männerstimme sang; man konnte den Text genau verstehen. Der Mann war schon mitten drin in seinem Lied, das in seiner Trunkenheit wohl aus dem Unterbewußtsein aufgetaucht war. Unter unserem Fenster sang er gerade die Verse: »... Sei unverzagt, bald der Morgen tagt, und ein neuer Frühling folgt dem Winter nach!« Allmählich wurde das Singen leiser, aber deutlich schallte es noch von weit her durch die nächtliche Straße: ». . . In allen Stürmen, in aller Not wird er dich beschirmen . . .« Und wir fügten in Gedanken den Schluß hinzu: ». . . der treue Gott!«

Ja, der treue Gott hatte den beiden Sorgenvollen einen etwas eigentümlichen Tröster geschickt. Was sich der allmächtige Gott doch manchmal für mangelhafte Werkzeuge aussucht, um hilflosen Menschen zurechtzuhelfen!

Als die eine der beiden Kranken die andere fragte: »Was war denn das?«, bekam sie zur Antwort: »Wenn wir es nicht beide gehört hätten und jetzt darüber sprächen, könnte man meinen, alles sei ein schöner Traum gewesen. Aber nun ist es doch so, daß Gott uns diesen unbekannten ›Sänger‹ als Tröster geschickt hat. Dafür wollen wir dankbar sein und können nun ohne Sorgen einschlafen.«

Als ich am nächsten Morgen zur Operation geholt wurde und »nur zur Beruhigung« noch eine Spritze bekommen sollte, habe ich fröhlich abgelehnt, weil es nicht nötig war. Das trostreiche »Ständchen« in der Nacht, sagte ich, hätte besser geholfen, als jede Spritze helfen könnte. »Ständchen?« meinte die Schwester verständnislos und murmelte etwas wie »Zufall«, als wir ihr von dem nächtlichen Erlebnis erzählten.

Die beiden Augenkranken wußten es aber besser. Der Trost, den der nächtliche Gesang vermittelt hatte, stärkte mich auch in den drei Wochen des Blindliegenmüssens nach der Operation und half in den Enttäuschungen, die auf die andere Kranke warteten.

Nie werde ich das Erlebnis dieser Nacht vergessen mit dem göttlichen »Hilfsarbeiter«, dem betrunkenen Tröster.

»Damit du Jesus lieben lernst . . .«

Bo Giertz schildert in seinem Buch: »Und etliches fiel auf den Fels« einen todkranken Bauern namens Johannes. Obwohl er sich vor dreißig Jahren für Christus entschieden hat, ist er nahe am Verzweifeln ob seines Sündenjammers.

Vergeblich sucht der Hilfsprediger den Sterbenden mit dem durch Christus erworbenen Heil zu trösten. Da tritt im Morgengrauen Katrina, eine heilsfrohe Jüngerin Jesu, an das Lager. Er empfängt sie mit den Worten: »Katrina, ich bin ein großer Sünder!«

»Ja, Johannes, das bist du. Aber Jesus ist ein noch größerer Erlöser!«

»Ja, er ist ein großer Erlöser für den, der sich erlösen läßt! Aber mein Herz ist nicht rein, mein Sinn ist böse, ich habe den neuen Sinn nicht! Mir fehlt die Umkehr!«

»Dir fehlt nicht die Umkehr, Johannes, sondern der Glaube. Den Weg der Umkehr bist du dreißig Jahre gewandert!«

»Und ich bin nicht ans Ziel gekommen.«

»Johannes«, sagt die Frau fast streng, »antworte mir auf meine Frage: Möchtest du gerne, daß dein Herz rein wäre?«

»Ja, bei Gott, Katrina, das möchte ich.«

»Dann ist deine Umkehr auch so wahrhaftig, wie sie auf Erden bei einem verderbten Adamskind sein kann. Aber du hättest fast den Glauben verloren!«

»Was soll ich denn glauben, Katrina?«

»Du solltest dieses lebendige Gotteswort glauben: ›Dem, der nicht mit Werken umgeht, aber an den glaubt, der die Gottlosen gerecht macht, dem wird sein Glaube gerechnet zur Gerechtigkeit.‹ Bis heute hast du nur auf deine Werke gesehen und hast nur Sünde und Elend gesehen. Gott hat deine Augen mit Augensalbe gesalbt, daß du sehend werdest. – Hast du Sünde in deinem Herzen, Johannes?«

»Ja«, antwortete der Todkranke scheu, »viel Sünde, allzuviel Sünde . . .«

»Schon daran hättest du sehen sollen, daß dich Gott nicht verlassen hat«, sagte die Frau fest. »So seine Sünde zu sehen, vermag nur, wer den Heiligen Geist hat!«

»Meinst du, Katrina, daß es ein Gotteswerk sein könnte, daß mein Herz unrein ist?«

»Nicht, daß dein Herz unrein ist: das ist das Werk der Sünde; aber daß du das jetzt siehst, das ist Gottes Werk!«

»Aber warum habe ich denn kein reines Herz bekommen?«

»Damit du Jesus lieben lernst«, sagte die Frau ebenso ruhig wie zuvor.

»Was meinst du, Katrina?«

»Ich meine so, Johannes, wenn du ein reines Herz bekommen und auf diese Weise die Seligkeit hättest verdienen können – wozu hättest du dann den Heiland gebraucht? Wenn das Gesetz einen einzigen von uns erlösen könnte, dann hätte doch wohl Jesus nicht am Kreuz zu sterben brauchen? Aber nun richtet das Gesetz Zorn an, und Gott verstopft mit seinen heiligen

Geboten jeden Mund und läßt die Welt mit der Schande dastehen!«

Der Kranke war ganz stille geworden. »Weißt du noch etwas zu sagen, Katrina?«

»Ja, eins noch, Johannes: Siehe Gottes Lamm, welches der Welt Sünde trägt.«

Johannes lag eine Weile still. »Meinst du . . . meinst du, daß er auch die Sünde trägt, die in meinem Herzen wohnt?«

»Ja, alle diese Sünde hat er gesühnt, als er an deiner Statt starb!«

»Aber, ich habe sie noch!«

»Ja, so gewiß sie Paulus auch noch hatte: ›Ich weiß, daß in mir, das ist in meinem Fleische, wohnet nichts Gutes. Wollen habe ich wohl, aber vollbringen das Gute finde ich nicht.‹«

»Ja, so ist es«, flüsterte Johannes.

»So ist es immer gewesen, für uns und für die anderen: Durch seine Wunden sind wir heil geworden. Er ist die Versöhnung für unsere Sünden und für die der ganzen Welt.«

Der Todkranke lag atemlos still. Dann flüsterte er: »Noch ein Wort, Katrina, ein ganz festes – und ich glaub' es.«

Die Frau erhob sich ruhig, nahm die Bibel, die auf dem Tische lag, setzte sich nieder und öffnete sie: »Sie sind allzumal Sünder und mangeln des Ruhmes, den sie vor Gott haben sollten, und werden ohne Verdienst gerecht aus Gnade, durch die Erlösung, so durch Jesum Christum geschehen ist. Amen!«

»Ich glaube!« sagte Johannes, kaum hörbar.

Katrina stand auf, legte die Bibel wieder hin: »Nun ist Gottes Werk geschehen . . .«

Im großen Frieden ging nach kurzer Zeit Johannes in die Seligkeit ein, welche ihm aus Gnade durch den Glauben an Jesu Erlösung wurde.

Ein Maler im Gefängnis

Für die Ungeduld eines Journalisten habe ich viel zu lange warten müssen, bis ich die Erlaubnis erhielt, das Gefängnis in T. zu besichtigen. Menschen hinter Gittern, für Monate und Jahre mit sich allein, abgeschieden von der Welt, eingesperrt in enge Zellen . . . Schon der bloße Gedanke belastet mich wie ein Bleigewicht. Was mögen sie denken und fühlen?

Der Beamte öffnet mit einem Steckschlüssel ein vergittertes Fenster und läßt mich hinausschauen auf den Innenhof. Dort dreht sich ein unheimliches Karussell. Paarweise gehen die Gefangenen im Kreise. Rotgestreifte Hosen, blaue Jacken, zehn Schritte Abstand. Viele sind »in den besten Jahren«. Wie grausam hört sich das Wort hier an! Einige haben einen schleppenden Gang und müde, ausdruckslose Gesichter. Andere schwatzen munter und unbeschwert mit ihrem Nachbarn, als ob die Strafe sie nicht berühre, die Mauer, an der sie entlangtraben, nicht bedrücke. »Es sind eine ganze Menge begabter Leute darunter, die es im Leben hätten zu etwas bringen können«, sagt der Wachtmeister. »Der Kleine dort zum Beispiel, da werden Sie Augen machen, was der für Bilder malt.«

Er hat nicht übertrieben. Das Bild, das er in seinem Dienstzimmer hinter einem Schrank hervorzieht, schlägt mich sofort in seinen Bann. In einer ganz eigenwilligen Manier mit faszinierenden, kühnen Farben gemalt, stehen zwölf Männer im Kreis und blicken bestürzt nach oben. Ihr Haar ist zerzaust, die Gesichter sind eingetaucht in strahlendes Licht, das in den Farben des Regenbogens von oben einfällt; die Augen der Männer sind weit aufgerissen und von übertriebener Größe. Das erregendste an dem Bild aber ist die besondere Optik. Man hat den Eindruck, daß man von oben her wie von einem Turm in die Gesichter blickt. »Pfingsten nennt er das Bild«, sagt der Beamte, »er hat es für die Anstaltskirche gemalt, aber er darf es nicht aufhängen.«

»Nicht aufhängen?« erwiderte ich. »Natürlich hängen Sie das auf! Um dieses Bild wird Sie jede Kirchengemeinde beneiden. Das ist von einer unerhörten Ausdruckskraft.«

»Das schon«, sagt der Wachtmeister, »aber das sind ja alles Mitgefangene, die er da gemalt hat.« Er zeigt auf die einzelnen Köpfe. »Das ist ein Rückfalldieb, das ein vielfacher Betrüger und der ein Asozialer.«

Ich merke dem Wachtmeister an, wie entrüstet er über die Darstellung solch merkwürdiger »Apostel« ist und daß er erwartet, daß auch ich meinen Abscheu über dieses »frevelhafte Tun« zum Ausdruck bringe. »Gewiß hat er hier keine anderen Leute gehabt, die ihm Modell sitzen konnten«, wende ich ein. »Nein, nein, so ist das nicht«, belehrt er mich. »Es gibt hier auch kleine Missetäter, Gestrauchelte, die das erste Mal hier sind. Aber er hat sich gerade die Allerschlimmsten herausgesucht, richtige Verbrecher. Das ist das Empörende.«

Nach ein paar Telefongesprächen mit höheren Gefängnisbeamten darf ich mit dem Maler sprechen.

»Keine Angst!« sage ich. »Ich werde Ihren Namen nicht nennen. Aber ich hätte gern ein paar Fragen an Sie gerichtet. Denn Ihr Bild ist das Aufregendste, das ich bei dieser Besichtigung zu sehen bekam.«

Er beantwortet meine Fragen willig und ohne Scheu. »Was ich mir dabei gedacht habe? Genau das, was die Bibel von Pfingsten berichtet. Daß Gottes Heiliger Geist Herzen und Sinne vollständig erneuert und Menschen radikal umwandelt. Daß durch diese Macht Sünder selig werden.« Er sieht mich fragend an. »Kennen Sie nicht den Pfingstchoral ›Zeuch ein zu deinen Toren‹?«

»Natürlich kenne ich ihn.«

»Dann kennen Sie doch auch den herrlichen Vers: ›Ich war ein wilder Reben, du hast mich gut gemacht. Der Tod durchdrang mein Leben, du hast ihn umgebracht.‹«

Ich bin überrascht, wie ein Sträfling sich so in Bibel und Gesangbuch auskennt. Aber ich bin nicht ganz davon überzeugt. Es geht ihm ein bißchen zu flüssig über die Lippen. »Die Männer beim ersten Pfingstfest waren bekehrt. Das kann man aber beim besten Willen nicht von denen sagen, die Sie gemalt haben«, gebe ich zu bedenken.

Da habe ich ihn aber getroffen! »Wissen Sie, was Pfingsten ist?« legt er los. »Pfingsten ist eine Zusage, daß alles anders wird. Den Frommen, die schon alles haben, braucht man diese Zusage nicht zu geben. Aber denen, die an sich verzweifeln, denen muß man zeigen, daß es auch für sie einen neuen Anfang gibt.«

Aber ich lasse noch nicht locker: »Schön und gut, doch man erzählte mir, Sie hätten sich für dieses Bild gerade die Schlimmsten unter Ihren Mitgefangenen ausgesucht. Können Sie nicht verstehen, daß die Anstalt darin eine bewußte Herausforderung und die Kirche darin vielleicht einen Frevel erblickt?« – »Pfingsten ist ein Wunder«, erwidert er. »Und wenn ich das zum Ausdruck bringen will, dann muß ich solche Männer malen, die nur noch durch ein Wunder geändert werden können. Die kleinen Sünder kann vielleicht auch die eigene Frau ändern; die ändert mitunter sogar schon das Gefängnis. Aber die ganz großen – die ändert nur noch Gott!«

Ich merke, daß er mit sich kämpft. Dann klopft er wortlos auf eine Stelle des Bildes, und da fällt mir erst auf, daß er sich selbst mitgemalt hat. »Die ganz großen«, wiederholt er noch einmal, »die ändert nur Gott!«

Da kann ich nichts mehr fragen. Im Weggehen muß ich an das Wort denken, das Jesus über den Hauptmann von Kapernaum sagte: »Solchen Glauben habe ich in Israel nicht gefunden.«

Rudolf Hempel

Wie im Speisesaal des Hotels

Es gibt Geschichten, die das Leben schreibt und die für sich allein sprechen. Die folgende erlebte ein Mann in dem spanischen Städtchen Gijon an der Biskaya. Auf einer Geschäftsreise war er dort in einem Hotel eingekehrt. Der Wirt, Don Emanuel, begrüßte ihn höflich. Nach dem Mittagessen hatte sich der Gast in die Halle zum Kaffee ans Fenster gesetzt. Müde und etwas Unterhaltung suchend, ging sein Blick auf die kleine Straße vor dem Fenster. Gegenüber stand ein altes, palastähnliches Gebäude. Einige Steinstufen führten zu einem von Säulen getragenen Vorbau. Nicht lange, da erschien zuerst eine ältere Dame mit einem reichlich abgetragenen Kleid, dann folgte ein Mann auf Krükken. Kurz danach kamen Kinder in lumpigen Kitteln, wieder ein paar Greise und alte Frauen. Sie ließen sich alle auf den Stufen nieder. Kaum hatte der letzte Platz genommen, da erschien im Hoteleingang, der dunkel in die Straße mündete, eine eigenartige Prozession. Voran Don Emanuel, feierlich schwarz gekleidet, eine blütenweiße Serviette unter dem Arm. Ihm folgten Kellner und Mägde mit vollgefüllten Schüsseln und wohlgerichteten Platten, ganz so, als hätten sie eine Hochzeitstafel anzurichten. Der Zug ging direkt auf die Menschen auf den Steinstufen zu. Teller und Bestecke wurden verteilt. Dann bediente der Hotelier eigenhändig jeden seiner Gäste, so, als habe er die beste Gesellschaft vor sich. Fachkundig beriet er sie, empfahl diese und jene Zusammenstellung des Essens, und jeder dieser Armseligen konnte ganz nach Wunsch und Belieben wählen. Am Ende wurde abserviert, nicht anders als im Speisesaal des Hotels. Die Gäste gingen wieder ihres Wegs. Don Emanuel aber zog mit dem in Körben eingesammelten Geschirr in sein Hotel zurück.

Natürlich forschte der Gast nach dem Sinn dieser höchst seltsamen Vorgänge. Was er nun erfuhr, war nicht weniger seltsam. Er hörte, daß Don Emanuel während des spanischen Bürgerkriegs, kurz vor Ausbruch des zweiten Weltkriegs, von den Aufständischen an die Wand gestellt worden war. Er sollte erschossen werden und wußte nicht warum. Vielleicht wußten es seine Gegner auch nicht. Er konnte nur den Tod erwarten.

Da tauchte plötzlich vor dem Exekutionskommando ein Krüppel in Lumpen auf. Er redete wie toll auf die Männer mit den Gewehren ein. Und wirklich, sie ließen Don Emanuel laufen. Nie hat er seinen Retter wiedergesehen, noch wußte er überhaupt, wer dieser war. Aber er tat das Gelübde: »Die Armen des Städtchens nicht nur zu speisen, sondern auch zu ehren.«

Als der Reisende dieses gehört und dazu noch erfahren hatte, daß sich diese Speisung Tag für Tag ereigne, konnte er nun doch nicht umhin, den Wirt selber darüber zu befragen, warum er das täglich tue.

Der Wirt antwortete: »Meine Frau meinte im ersten Augenblick, da sie von meiner Absicht hörte, es möchte doch genügen, wenn ich an jedem Jahrestag meiner Rettung diese armen Leute zu Gast lade, oder doch alle Vierteljahr einmal. Aber sagen Sie selbst, hat mir Gott mein Leben nur für alle Jahrestage geschenkt? Oder für alle Vierteljahrestage? Hat er es mir nicht Tag um Tag wiedergegeben durch jenen Krüppel, der nicht einmal den Versuch gemacht hat, sich bei mir für seine Tat Lohn zu holen, wohlverdienten, gar nicht abzutragenden Lohn? Er hat mir das Leben wieder geschenkt. Ich glaube, das Geschenk kann ich überhaupt nicht vergüten.«

Nicht alle Menschen hätten so gehandelt. Meistens heißt es: »Aus den Augen, aus dem Sinn!« Man vergißt leicht Wohltat und Wohltäter. Dankbare Menschen sind selten, besonders dann, wenn es um Dank gegen Gott geht. Wir sind vergeßlich und wissen nicht mehr, was wir Gott, dem Schöpfer und Erhalter unseres Lebens, für seine Freundlichkeit und Güte zu danken haben.

Darum mahnt uns der Psalmist: »Danket dem Herrn, denn er ist freundlich, und seine Güte währet ewiglich.«

»O Vater, was soll ich tun?«

Mancher muß erst tief in Vatersorgen stecken, ehe er merkt, daß da auch ein Großvater ist, den er um Rat fragen könnte. Dr. Berger war seiner Meinung nach weit über den Stand seines Vaters hinausgewachsen. Er hatte zwar immer anerkannt, daß er seine Ausbildung dem zähen Fleiß seines Vaters verdankte. Bei allen festlichen Augenblicken seines raschen Aufstieges hatte er diesen Satz mit einem Anflug von Rührung und Dankbarkeit ausgesprochen. Aber sein Leben gestaltete er nach eigenen Erkenntnissen; und in Erziehungsfragen ließ er sich von Fachgrößen beraten, deren Bücher er fleißig studiert und deren Grundsätze er auch in öffentlichen Vorträgen verkündigt hatte.

Um so peinlicher war es ihm, daß er mit der Erziehung seines heranwachsenden Ältesten nicht zuwege kam. Er hatte dafür gesorgt, daß seine Söhne und Töchter in Haus und Garten mit Schulfreunden und -freundinnen einen unbefangenen Umgang pflegen konnten. Durch eine gutgeleitete Tanzstunde und Familienfeste glaubte er ihrem Bedürfnis nach angemessener Geselligkeit zu genügen. Außerdem hielt er darauf, daß sie an kirchlichen Jugendveranstaltungen teilnahmen.

Und nun mußte er erfahren, daß sein Ältester ein Doppelleben führte. Durch die Nachfrage des kirchlichen Jugendwartes kam er dahinter, daß sein Sohn am Abend nicht dort war, wo er angeblich sein sollte. Anstatt seinen Jugendkreis zu besuchen, pflegte er dunkle Wege zu gehen. Darüber verweigerte er so lange jede Auskunft, bis eine Gerichtsverhandlung, zu der er als Zeuge geladen war, seinen üblen Umgang an den Tag brachte. Der Jugendrichter wandte sich mit ernsten Worten an die beteiligten Jugendlichen, auch an die, welche nur als Zeugen zugegen waren. Hinterher ermahnte auch der Vater seinen Ältesten aufs dringlichste. Aber die Unklarheit und Zweideutigkeit seines Wesens wollten nicht verschwinden.

Nun saß Dr. Berger bei seinem Vater. Es war ihm nicht leichtgefallen, dorthin um Rat zu gehen, wo er seit vielen Jahren keinen Rat mehr gesucht hatte. Er machte auch lange Umschweife, bis er auf sein eigentliches Anliegen zu sprechen kam. Aber der Alte konnte geduldig zuhören. Wenn eine schwierige Pause entstand, dann wußte er sich so zu beschäftigen, daß die Verlegenheit nicht peinlich werden konnte. Und wenn es gar nicht mehr weiterging, dann fragte er so gütig und hilfreich, daß schließlich alle Hemmungen dahinsanken. So bedeckte am Ende der gelehrte Sohn sein Gesicht mit den Händen und stöhnte: »O Vater, wenn ich meinem Ältesten doch helfen könnte! Aber was soll ich denn noch für ihn tun? Ich glaube, ich kenne ihn gar nicht!«

Lange blieb es still zwischen den beiden. »Er ist alt geworden«, dachte der Sohn und meinte, der Vater schlummerte. Aber plötzlich sah ihm der Alte wach und hell ins Gesicht und sagte: »Er ist dein Sohn und mein Enkel. Vergiß nicht, daß du auch eine solche Zeit hattest! Nun will ich dir aber sagen, was ich damals für dich tat, damit du wieder ganz zurechtkommen konntest. Ich fragte den Pfarrer. Der sagte, ich solle für dich beten. Darüber ärgerte ich mich. Aber dann merkte ich, daß ich mich nur deshalb ärgerte, weil ich nicht wirklich beten konnte. Denn wirklich beten kannst du nur, wenn du auch bereit bist, Gott zu gehorchen. Aber da war in meinem Leben manches nicht so, wie ich es vor Gott verantworten konnte. Also mußte ich erst Gott für mein eigenes Leben um Hilfe bitten. Als dann diese Dinge in Ordnung gebracht waren, konnte ich auch zuversichtlich für dich beten. Und das war nicht vergebens.« Nach einer langen Pause sagte der Alte abschließend: »Mach du es auch so!«

Noch am selben Tag schrieb der Sohn einige Briefe, die er so oft zerriß und neu schrieb, bis sie richtig waren. Die ganze Nacht ging darüber hin. Einer dieser Briefe hatte zur Folge, daß von da an eine Besucherin ausblieb, die er bisher nach Geschäftsschluß im Büro zu empfangen pflegte. Einem anderen Brief hatte er einen größeren Geldschein beigelegt, für den er keine Quittung erwartete. So gab es gar mancherlei zu ordnen.

Und das seltsamste war, über dem Schreiben, Zerreißen und wieder Schreiben hatte er das Beten gelernt; denn er mußte erfahren, daß auch er damit ohne Gottes Hilfe nicht zuwege kam. Und dann betete er für seinen Sohn, wie sein Vater für ihn gebetet hatte. Wochen vergingen, bis sich eines Tages die Gelegenheit ergab, daß er durch das rechte Wort im richtigen Augenblick das Vertrauen seines Ältesten gewann. Es wurde dann mancherlei offenbar, wovon Dr. Berger keine Ahnung gehabt hatte, auch aus dem Leben der jüngeren Geschwister. Es kam an den Tag und bald auch in Ordnung.

Nun wußte der Vater, was er und die Enkel dem Großvater zu danken hatten. Auch die Enkel spürten es und ließen es ihren Großvater merken, nicht nur am 80. Geburtstag.

August Ebert

Stichwortverzeichnis

Verzeichnis über die Lesedauer

Unter der Lupe	9 Minuten
Vor der Narkose	4 Minuten
Das Klassentreffen	4 Minuten
Die unbekannte Geschichte	5 Minuten
Die Trompeten vor Jericho	7 Minuten
Ein dunkler Tag wird hell	5 Minuten
Lektion in der Sprechstunde	5 Minuten
Ein Hai zeigt keinen Appetit	10 Minuten
Ein Quizmeister weiß keine Antwort	6 Minuten
Ein gutes Schlafmittel	7 Minuten
Von der Rettungsstation zum Clubhaus	6 Minuten
Die Wege Gottes	6 Minuten
»Wissen Sie, wie dicht der Nebel ist?«	4 Minuten
Der heilige Zaun	8 Minuten
Sich schämen und – danken!	5 Minuten
Die eindrückliche Predigt	4 Minuten
Ein Ständchen mit Wirkung	5 Minuten
»Damit du Jesus lieben lernst . . .«	6 Minuten
Ein Maler im Gefängnis	7 Minuten
Wie im Speisesaal des Hotels	6 Minuten
»O Vater, was soll ich tun?«	7 Minuten

Weitere spannende Erzählungen aus der Feder Heinz Schäfers:

Nebel rings um Ursula

TELOS-Jugendbuch Nr. 73507
128 Seiten, 10 Zeichnungen

Ursula nimmt auf Einladung ihrer Freundin an einer Freizeit in den Hochvogesen teil. Anfänglich ablehnend, gewinnt sie Freude an der frohen Gemeinschaft. Gottes Wort fesselt sie und stellt sie vor eine schwere Entscheidung. Als frohes Gotteskind kehrt sie aus der Freizeit heim. – Wer jungen Menschen einen Dienst erweisen will, der schenke ihnen dieses Buch.

Die doppelte Mutprobe

TELOS-Jugendbuch Nr. 73501, 6. Auflage
192 Seiten

Wie schon in seinem ersten Buch »Nebel rings um Ursula« zeigt Heinz Schäfer, daß gehaltvolle Erzählungen nicht langweilig zu sein brauchen, ganz im Gegenteil: In jeder der in diesem Band enthaltenen fünf Geschichten sind so viele Spannungsmomente, daß die jungen Menschen – doch nicht nur sie, sondern auch Eltern und Erzieher – gepackt werden und inneren Gewinn davon haben.

Es fehlte nur die Unterschrift

Vier Erzählungen
Das kleine Leseerlebnis Nr. 05301, 48 Seiten, fester Einband

Dem Alltag von Menschen unserer Zeit sind sie abgelauscht, diese temperamentvoll erzählten Geschichten – sie lassen aber gleichzeitig auch ein Stück Ewigkeit sichtbar werden.

Besohlt Gott Schuhe?

Acht Erzählungen
Das kleine Leseerlebnis Nr. 05305, 48 Seiten, fester Einband

Erlebtes und Bezeugtes, manches aus unserer Zeit, anderes aus vergangenen Tagen. Wie Gott handelt, wie Menschen darauf antworten und diesen Gott erfahren können, wird hier glaubhaft geschildert.

In der Reihe

Lesezeit – Vorlesezeit

erscheinen weitere Bücher, die – mit Verzeichnis über die Lesedauer, Stichwortverzeichnis usw. ausgestattet – Mitarbeitern in Gemeinden eine konkrete Hilfe sein wollen.
Gleichzeitig bietet diese Reihe eine Sammlung von Kurzgeschichten auch für Leser, die gerne zur eigenen Freude prägnante, beispielhafte Geschichten suchen.
Die verschiedensten Altersgruppen und verschiedene Anlässe sollen mit den Titeln dieser Reihe angesprochen werden.

Bisher sind erschienen:
Heinz Schäfer (Hrsg.), **Leben aus erster Hand**
Zeichen der Liebe Gottes
21 Geschichten
Bestell-Nr. 05 501
80 Seiten

Angelika Blum, **Die hochmütige Hummel**
und 36 weitere Geschichten, die Kindern biblische Begriffe anschaulich machen
Bestell-Nr. 05 502
96 Seiten

Johannis Lahr
Verlag für Familie und Gemeinde